Das Buch

Langschläfer haben es schwer. Sie verbringen ihr Leben in einer feindlich gesinnten Welt von Frühaufstehern, sind dem Terror früher Termine ausgesetzt und müssen sich skeptischer Blicke erwehren, wenn sie nicht Punkt neun im Büro sitzen. Dass sie oft spätabends noch arbeiten, kriegt ja keiner mit ...
Schluss damit – denn endlich liegt es vor: das Manifest der Spätaufsteher! Es macht klar: »Eulen« sind kreativer, lässiger und toleranter als die früherwachenden »Lerchen« – die besseren Liebhaber sind sie sowieso. Nicht zufällig stellen sie viele Ikonen der Welt- und Kulturgeschichte. Neue wissenschaftliche Erkenntnisse beweisen zudem, dass es sinnlos ist, Eulen gegen ihren Biorhythmus umzupolen, und es viel besser wäre, sich die Stärken der Morgenmuffel zunutze zu machen. Ein Buch, das einen politisch unkorrekten, aber trotzdem immer beliebteren Lebensstil feiert – zu Recht!
Mit Selbsteinstufungstest: Bin ich Lerche oder Eule?

Die Autorin

Bettina Hennig arbeitet tagsüber für einen großen Hamburger Verlag und nachts an ihrer Doktorarbeit. Sie hasst es, früh aufzustehen, und verteidigt ihre morgendliche Bettruhe mit Ohropax und Schlafbrille.

Bettina Hennig

Der frühe Vogel kann mich mal!

Ein Lob der Langschläfer

Ullstein

Besuchen Sie uns im Internet:
www.ullstein-taschenbuch.de

Originalausgabe im Ullstein Taschenbuch
1. Auflage September 2011
2. Auflage 2011
© Ullstein Buchverlage GmbH, Berlin 2011
Umschlaggestaltung: ZERO Werbeagentur, München
(nach einer Vorlage von HildenDesign, München)
Umschlagabbildung: © MisterM/iStockphoto
Abbildungen im Innenteil: E. Degiampietro/DIGITALstock
Gesetzt aus der Esperanto
Satz: KompetenzCenter, Mönchengladbach
Papier: Pamo Super von Arctic Paper Mochenwangen GmbH
Druck und Bindearbeiten: CPI – Ebner & Spiegel, Ulm
Printed in Germany
ISBN 978-3-548-37353-9

Inhalt

»Guten Mooooooorgen!«
Eine vehemente Einleitung

»Dieses frühzeitige Aufstehen«, dachte er, »macht einen ganz blödsinnig. Der Mensch muss seinen Schlaf haben.«
Franz Kafka, *Die Verwandlung*

»Wie kann man denn jetzt noch im Bett liegen?«

Die Ratlosigkeit meiner Mutter ob meiner sonntäglichen Gewohnheit, wenigstens einmal in der Woche richtig ausschlafen zu wollen – also mindestens bis elf Uhr –, bewegte sich oft in liebevolle Ungastlichkeit hinein. »Guuten Mooorgen«, schmetterte sie in meine noch verstopften Ohren und verfolgte mich auf meinem beschwerlichen Weg zum Frühstückstisch mit verständnislosem Kopfschütteln. »Ich versteh einfach nicht, wie man jetzt noch im Bett liegen kann!«, wiederholte sie gerne.

»Ich lieg ja gar nicht mehr im Bett«, dachte ich dann kauend.

Ich dachte, weil ich noch nicht sprechen konnte. Es ging mir nicht gut. Ich litt. Am Morgen, an der Mutter, an dieser ungemütlichen Welt.

Ermahnungen und Unterweisungen trafen auf mein noch schläfriges Gemüt. Eine Leistungsschau der morgendlichen mütterlichen Emsigkeit halluzinierte mir vor Augen. Bröt-

7

chen lagen da, die Sonntagszeitung, schon durchgeblättert, die Küche war bereits gewischt und das Geschirr vom Vortag abgewaschen und in die Schränke geräumt. In der Waschmaschine schäumten die Gardinen, ein Bügelbrett war aufgestellt, und der Braten schmorte in der Röhre. Zwischen all dem meine emsige, offenbar niemals schlafende Mutter mit Hunderten von Fragen: Ob ich wissen wolle, was Werner Höfer im *Internationalen Frühschoppen* zum Thema gemacht habe. »Hm«, dachte ich dumpf, und schon legte sie los, ohne meine Antwort abzuwarten. »Der Carl Gustaf will unsere Silvia heiraten.«

Ich war mir sicher, dass bei Höfer darüber kein Wort gefallen war, aber ich konnte mich nicht wehren. Mutters Redefluss flutete mein Hirn. Noch bevor meine Augen scharfe Bilder lieferten, war ich schon über Erdbeben und Butterpreise unterrichtet und davon, dass Morgenstund Gold im Mund habe.

Moment, dachte ich, das hat doch jetzt echt nichts mit Werner Höfer zu tun. Ich starrte taub auf die Butter. Mutter bügelte inzwischen – und redete weiter. Mir sollte es doch einmal besser gehen, und der Schlüssel dafür seien nun einmal Strebsamkeit, Fleiß und frühes Aufstehen. »Der frühe Vogel fängt den Wurm« – das war ihr Lieblingsmotto.

Ja, meine Mutter hatte es nicht leicht gehabt. Das erfuhr ich jeden Sonntagmorgen wider Willen. Der Krieg, die Kinderlandverschickung, der Kirchgang, die Arbeit … Ja, mir sollte es wirklich einmal besser gehen als ihr. Aber statt danach zu streben, würde ich den halben Tag verschlafen.

Noch bevor ich auf den Grund meiner Kakaotasse vorgestoßen war, wurden mir die Nachbarskinder als blühendes

Beispiel vorgehalten. Die hatten zwar dreckige Fingernägel und platzierten gelegentlich tote Mäuse vor der Terrassentür, aber da sie das meist morgens taten, war dies meiner Mutter Beweis genug, dass sie wenigstens nicht bis in die Puppen schliefen.

Ich seufzte und schaltete auf Durchzug. Doch die Rechnung: »Eine Stunde länger schlafen = zehn Minuten Muttis Sermon anhören«, ging nicht auf, weder kurz- noch langfristig. Denn Muttis Gardinenpredigten haben ihre Langzeitwirkung nicht verfehlt. Sie haben bei mir nicht nur ein Gefühl der Hoffnungslosigkeit hinterlassen, sondern auch den Weg für einen Komplex geebnet, unter dem ich seither mein ganzes Leben lang leide. Ich fühle mich schon schuldig, wenn ich noch nicht einmal die Augen geöffnet habe, und glaube, mich verteidigen zu müssen, weil ich vor zehn Uhr morgens nichts zur Steigerung des Bruttosozialproduktes beitragen kann. Ich bin ständig in Abwehrhaltung und habe eine Menge Rechtfertigungen auf Lager, mit denen ich mich gegen Anfeindungen der frühen Vögel zur Wehr setze. Ich führe dann meinen schwachen Kreislauf und mein Koffeindefizit ins Feld. Doch es hilft nichts: Die Frühaufsteher reklamieren die Welt für sich, und ich bin ihrem Spott aufs Gemeinste ausgesetzt.

Aber schon damals, als ich den Reden meiner Mutter mit schlaftrunkener Fassung lauschte, dachte ich: Meine Mutter und die Mehrheit mögen diesem Fundamentalismus folgen – doch meine Zeit wird noch kommen!

Aber das sollte noch dauern. Die Welt befand sich zwar damals schon im Wandel, Mond und Weltraum wurden erobert, Universitäten und Straßen gestürmt, die Röcke gekürzt und BHs verbrannt, meine Mutter aber blieb bei ihrem calvinistischen Anspruch, am Sonntag bereits frühmorgens die Welt mit Fleiß statt mit friedvollen Sit-ins aus den Angeln zu heben. Ihre Frage, wie man denn jetzt noch im Bett liegen könne, war eigentlich nichts anderes als der unverhohlene Vorwurf: Langschläfer sind Taugenichtse.

Das Fräulein Frida Frei, das im Wechsel mit der weitaus milderen Hildegard Straubitz den Weckdienst in dem Internat versah, in das man mich später wegen meiner »Sonderlichkeit« abgeschoben hatte (unter welche neben anderen vermeintlichen Charakterschwächen auch meine Vorliebe fürs lange Schlafen fiel), hielt es ähnlich wie meine Mutter. Das hochmoderne Schulprojekt, dessen Probandin ich auf unfreiwillige Weise geworden war, hatte mir die Chance gelassen, den Schulplan – abgesehen von wenigen, unschwer zu akzeptierenden Konstanten – zeitlich selbst zu gestalten. Selbstverständlich legte ich mir, so oft es nur möglich war, den Unterrichtsbeginn auf die dritte Stunde, auch wenn das bedeutete, dass ich oft nicht vor zwei Uhr nachmittags wieder auf meinem Zimmer war und die Schulaufgaben sich bis in die frühen Abendstunden zogen. Aber das war ein Preis, den ich gerne gezahlt habe für das, was ich morgens am liebsten tat: Mich noch einmal umdrehen und die Wärme des Bettes spüren …

Ich zählte zu den »Ausschläfern«, von denen es in meinem pädagogischen Laboratorium nur wenige gab. Fräulein Frei jedoch kannte keine Gnade. Im ersten Monat polterte sie, wann immer sie Weckdienst hatte, in mein kleines Zimmer und verlangte, dass ich sofort aufstünde. Zur Abwehr hängte ich ein Schild an meine Zimmertür, auf dem stand: »Bitte ausschlafen lassen!« Das gab mir für etwa einen Monat Ruhe, bevor sie erneute Übergriffe startete: Sie betätigte die Türklinke, öffnete die Tür einen Spalt und täuschte vor, sich im letzten Moment noch an mein Weckverbot zu erinnern – selbstredend, um die Tür daraufhin mit so heftigem Schwung ins Schloss fallen zu lassen, dass ich in meinen jungen Jahren eine Ahnung von Herzrhythmusstörungen bekam und vor Aufregung nicht mehr einschlafen konnte. Der dicken Rüge, die sie sich – zu meinem Glück – von der Internatsleitung auf meine Beschwerde hin eingefangen hatte, begegnete sie mit dem heuchlerischen Argument, dass sie sich um mein schulisches Fortkommen sorge und Angst habe, ich könnte sitzenbleiben.

Hätte diese bekennende Frühaufsteherin, die natürlich nicht zufällig die Morgenschicht bevorzugte, doch nur einmal nachmittags Dienst gehabt! Hätte sie da meine Klassenarbeiten gesehen und doch einmal einen Blick in meine Zeugnisse geworfen! Dann hätte sie gewusst, dass ihre Sorge gänzlich unbegründet war. Ausgerechnet Mathe, das Streberfach schlechthin, war mein Paradefach. Ich habe sogar für unsere Schule den in der achten Klasse vom Bundesministerium für Bildung ausgeschriebenen Mathematikwettbewerb gewonnen – mit Abstand! Und ich kam in der nächsten Runde nur deshalb lediglich ins erste Viertel, weil ich für die Anreise in die Kreisstadt, in der die Fortsetzung des Wettbewerbs ausgetragen wurde, schon um halb sechs aufstehen musste, um pünktlich um acht gegen meine Mitstreiter antreten zu können. Ich schwöre heute noch, wäre es erst um elf losgegangen, ich hätte alle in Grund und Boden gerechnet!

Ja, ich bin Langschläfer! Ja, ich hasse es, wenn der Wecker vor 9.30 Uhr klingelt! Auch das schon ist ein antrainiertes Zugeständnis an eine Welt, die ihre Mitmenschen mit völlig überholten Normen terrorisiert. Und ich habe keine Lust mehr, mir deswegen Vorwürfe machen zu lassen.

Denn: Der frühe Vogel kann mich mal!

Schluss mit der Tyrannei der Frühaufsteher!

Ob früher meine Eltern und meine »Erzieher« oder heute die Bauarbeiter von gegenüber, die zum Wohle der Bauwirtschaft auch samstags pünktlich um sieben Uhr morgens Presslufthammer und Metallsäge anschmeißen, nur um nach achteinhalb Minuten Arbeit erst einmal anderthalb Stunden Pause zu machen – all diese militanten Frühaufsteher sind angetreten, um eine entspannte Minderheit mit einer verrückten Arbeitsethik zu behelligen, die seit Urzeiten den Morgen beschallt und den frühen Abend schon nicht mehr erlebt.

Der Vater meiner besten Freundin hat mir dies, zumindest was die Bauarbeiter betrifft, unverblümt bestätigt. Jahrelang hat er als Polier auf Hamburgs Baustellen diverse Architektursünden hochgezogen, aber auch bei seinen Leuten für etwas Rücksicht auf schlafende Anwohner gekämpft. Mal mehr, mal minder nachdrücklich hat er darum gebeten, die ohrenbetäubenden Arbeitsgeräte erst später anzuschmeißen. Ohne Erfolg. »Die machen das mit Absicht«, bekannte er einmal, als ich ihn danach gefragt habe, »weil sie es hassen, dass andere noch faul im Bett liegen!«

Warum bloß haben sich die Bauarbeiter eigentlich immer noch nicht mit uns zusammengeschlossen und die Internationale der Langschläfer gegründet? Keiner sollte gezwungen sein, früh aufzustehen, auch Bauarbeiter nicht – zumal sie die Macht haben, gegen ihre Arbeitszeiten lautstark zu protestieren. Aber sie fügen sich dem frühmorgendlichen Arbeitsbeginn.

Stattdessen verstärkt sich der Eindruck, dass es eine Internationale der frühen Vögel gibt. Selbst in Hotels, die sich mit fünf Sternen brüsten und ihre betuchten Gäste mit einem »Langschläfer-Büffet« locken und bis weit nach Mittag sogar noch frischgebackene »Langschläfer-Brötchen« anbieten, findet man Personal, das nichts Besseres zu tun hat, als ausgerechnet vor den Türen, an denen ein »Bitte nicht stören«-Schild hängt, bis in die letzten Winkel Staub zu saugen und dabei mehrere Male mit Karacho den Saugkopf gegen die Zimmertür zu rumsen. Oder unvermittelt ins Zimmer zu platzen und in die erschrockenen Augenpaare aus dem Schlaf gerissener Gäste zu blicken.

Man denke auch an die lieben Nachbarn. Genaugenommen an jene, die das Schließen der Wohnungstür, das Klimpern des Schlüsselbundes und die Schritte auf der Treppe gerade am Morgen mit einer Aggressivität ausführen, die über einen stillen Vorwurf weit hinaus geht. Abends hingegen herrscht lahmes Schleichen und behutsames Rascheln, so dass man sich oft fragt: Sind die eigentlich im Urlaub? Nur der geleerte Briefkasten weist darauf hin, dass hier anscheinend nicht nur gewohnt, sondern auch gelebt wird.

Es ist bemerkenswert: Während abends schon eine Minute nach zehn Uhr die Polizei wegen nächtlicher Ruhestörung alarmiert wird, nur weil auf dem gegenüberliegenden Balkon ein verliebtes Pärchen mit Kristallgläsern auf seine neue Liebe anstößt, fühlt sich frühmorgens die ganze Welt dazu berufen, mit aggressivem Gestus kundzutun, dass sie bereits wach ist und die Volkswirtschaft ankurbelt.

Aber mit welchem Recht tut sie das? Und was wirft man uns Langschläfern eigentlich vor?

Wer jemanden als »Langschläfer« bezeichnet, drückt damit aus, dieser Mensch sei faul, träge, lasch, lahm, antriebslos, bequem, schlaff, matt, schwerfällig, ohne Energie, Elan und Vitalität, dumpf, teilnahmslos, phlegmatisch, er verpenne den halben Tag und liege, wenn nicht dem eigenen Vater, so doch dem Vater Staat auf der Tasche. Der Langschläfer macht sich in den Augen der bettflüchtigen Tugendwächter ein schönes Leben auf Kosten anderer, träumt in den Tag hinein, während andere arbeiten, und schert sich einen Dreck um das Wohl der Gemeinschaft. Nicht zufällig wird das Wort »Langschläfer« gerne mit Begriffen wie »Faulpelz«, »Taugenichts« oder »Tunichtgut« assoziiert. Ein Langschläfer gilt quasi als asozial.

Schlimmen Gerüchten kann der so Bescholtene nur wenig entgegensetzen. Denn wer lang schläft, ist grundsätzlich der Böse im Gerangel um sozialen Status, seine Straftat ist offensichtlich und seine Schuld bewiesen, bevor er überhaupt erwacht ist. Denn wer lange schläft, ist für viele Drückeberger und Sozialkrimineller in einem. Sein Vergehen ist die Weigerung, sich dem Zeitdiktat der Prosperität zu fügen und denen, die es befolgen, die Sinnlosigkeit ihres Handelns vor Augen zu führen. Angelehnt an das Motto »Die Ehrlichen sind die Dummen«, fühlen sich die Frühaufsteher für dumm erklärt, weil sie früh aufstehen, und rächen sich auf ihre Weise: mit Vorverurteilungen, Anfeindungen und Lärm.

Dabei gibt es für solche Attacken gar keinen Grund. Denn für jemanden, für den es üblich ist, früh aufzustehen, ist dies gar keine herausragende Leistung. Im Gegenteil, es ist für ihn völlig normal und gehört zu seinem Lebensstil. Frühes Aufstehen ist also nur für Langschläfer eine Großtat, denn es widerspricht ihrer Natur.

Nur einmal im Jahr haben auch die Frühaufsteher wenigstens etwas Verständnis für die missliche Lage ihrer morgenmüden Mitmenschen. Dann nämlich, wenn es um zwei Uhr nachts am letzten Sonntag im März heißt: »Beim nächsten Ton ist es drei Uhr, null Minuten und null Sekunden.« Zu Beginn der Sommerzeit schleichen selbst frühfrische Lerchen hundemüde zur Arbeit, versuchen mit Kaffee ihr Schlafdefizit wettzumachen, drohen über ihrer Arbeit einzuschlafen und hören nicht auf, über die geraubte Stunde zu jammern. Deutschlands bekanntester Schlafforscher, Professor Dr. Jürgen Zulley, stellt hierzu fest: »Manche brauchen vier bis acht Wochen zur Umstellung, andere schaffen es niemals.«[1]

Der ökonomische Sinn dieser europaweit aufgezwungenen Maßnahme steht ohnehin in Frage. 2005 gab die Bundesregierung ungeniert zu, dass die Sommerzeit keinen sinkenden Energieverbrauch bewirke: »Die durch das Bundesumweltamt recherchierten Erkenntnisse wiesen schon vor gut zehn Jahren auf den Umstand hin, dass von einer Zeitumstellung auf die Sommerzeit keine positiven Energiespareffekte zu erwarten sind. Danach wird die Einsparung an Strom für Beleuchtung, insbesondere bei vermehrtem Einsatz effizienter Beleuchtungssysteme, durch den Mehrverbrauch an Heizenergie durch die Vorverlegung der Hauptheizzeit überkompensiert.«[2]

Die Anpassung an den neuen sommerlichen Tagesrhythmus fordert Studien zufolge ihren Tribut an die Gesundheit. Nicht nur Langschläfer, sondern auch Frühaufsteher leiden verstärkt unter Konzentrations- und Aufmerksamkeitsstörungen. Verkehrsunfälle häufen sich, ebenso Fehler bei der Arbeit, besonders beim Bedienen von Maschinen. Die Gefahr von Risikopatienten, einen Herzinfarkt zu erleiden, verdoppelt sich.

Doch das (Selbst-)Mitleid der Frühaufsteher hält nur so lange vor, bis ihre innere Uhr wieder sommerzeitlich tickt. Langschläfer, die aufgrund ihrer biologischen Disposition das ganze Leben in diesem durch Schlafraub verursachten abgedämpften Modus verbringen müssen, finden wegen des vorübergehenden Müdigkeits-Zustands der Frühaufsteher noch längst keine Gnade. Viel zu rasch gewöhnen sich ihre Gegenspieler nach der Zeitumstellung an den neuen Takt. »Der frühe Vogel fängt den Wurm« gilt auch zur Sommerzeit – und hat international seine Entsprechungen. Die Franzosen mahnen: »Wer am Morgen früh aufsteht, dem hilft der liebe Gott und lenkt seine Hand.« In Russland weiß man: »Frühaufsteher sammeln Pilze, die Schläfrigen und die Faulen finden später nur noch Brennnesseln.« Und in Italien heißt es: »Wer schläft, fängt keine Fische.«

Doch woher kommt dieser Drang, am frühen Morgen Fische oder Würmer fangen zu wollen oder Pilze zu sammeln, und das auch noch mit Gottes Hilfe und Segen? Er hat seinen Ursprung in Zeiten, die weit zurückliegen und längst überholt sind. Wer sich in vormodernen Gesellschaften tatsächlich aufraffen konnte, etwas früher als seine Mitstreiter aufzustehen, war ökonomisch tatsächlich klar im Vorteil: Er konnte die Pilze sammeln und die Fische fischen, bevor der Langschläfer dazu in der Lage war. Mit Fischen und Pilzen konnte der Frühaufsteher seine Familie ernähren, und, wenn er ganz findig war, sogar noch etwas davon auf dem Markt verkaufen – ein doppelter Vorteil gegenüber dem, der länger in den Federn blieb.

Diese Moral, die noch in einer Lebenswirklichkeit verankert ist, die vom Muhen der Kühe und dem Krähen des Hahns bestimmt wurde, ist in einer globalen Gesellschaft, die niemals schläft, natürlich völlig überholt. Denn Zeit ist relativ, und was ist schon ein Tag, wenn die Erde rund ist und die Börse in Tokio öffnet, während wir hierzulande die Augen schließen? Fängt nicht vielleicht derjenige eher die Fische, der nachts noch wach ist und auf dem Parkett in Übersee spekuliert, als jener, der sich in aller Herrgottsfrühe aus dem Bette quält? Sammelt nicht vielleicht der die schönsten Pilze, der in den frühen Abendstunden noch an Manuskripten, Computerprogrammen oder Webdesigns arbeitet und dafür dickes Geld kassiert? Und kann – etwa bei einem geschäftstüchtigen Barmann – nicht gerade die Happy Hour das sprichwörtliche Gold im Munde haben, weil hier die Kasse besonders häufig klingelt?

Der Tag hat 24 Stunden. Aber Arbeit, die in den frühen Abendstunden geleistet wird und von der man sich mit einem ausgedehnten Schlaf erholen muss, zählt bei vielen immer noch nicht voll. Ein Paradebeispiel, das selbst

Stammtischgespräche wie einen Hort der Hochkultur dastehen lässt, lieferte – als Griechenlands Finanzkrise an die Öffentlichkeit drang – die *BILD*-Zeitung in einem offenen Brief an den ohnehin von Schmähungen und Schande gebeutelten Ministerpräsidenten Giorgos Papandreou. In einem zwischen Chauvinismus und Dummheit oszillierenden Tugendkatalog des Deutschtums war da zu lesen: »Deutschland hat zwar auch hohe Schulden – aber wir können sie auch begleichen.«[3] Und sie lieferte auch gleich die Lösung mit: »Weil wir morgens früh aufstehen und den ganzen Tag arbeiten.«[4] Ein Rundumschlag, der selbst die nicht gerade als sanft bekannte englische Presse peinlich berührte und zu Häme, Spott und Hohn verleitete. »Get up earlier, Germans tell Greeks«, schämte sich der *Guardian* fremd.[5]

Wenn frühes Aufstehen eine Garantie für wirtschaftliche Blüte wäre, stünde Sachsen-Anhalt übrigens an der Spitze der Bundesländer. In einer Umfrage der Gesellschaft für Sozialforschung und statistische Analyse, kurz forsa, zum Schlafverhalten der Bundesbürger erhielt Sachsen-Anhalt die zweifelhafte Ehre, behaupten zu können, dass seine Bewohner die aufgewecktesten seien: Sie stehen im Schnitt um 6.39 Uhr und damit neun Minuten früher auf als der Durchschnittsbundesbürger. Seitdem überbieten sich die Repräsentanten und Würdenträger des Landes einander darin, die Segnungen des Frühaufstehens zu verbreiten. In einer preisgekrönten Image-Kampagne posaunt das Land heraus: »Sachsen-Anhalt. Wir stehen früher auf.« Der langjährige Ministerpräsident Wolfgang Böhmer flankierte diesen Feldzug der strukturarmen Region mit salbungsvollen Worten. In der *Mitteldeutschen Zeitung* erklärte er, es ginge »um eine Lebens- und Geisteshaltung, die wir damit darstellen und fördern wollen.«[6] Und kategorisch stellt er fest: »Frühaufsteher sind leistungsbereit und wollen viel erreichen, sich bewegen, tüchtiger sein.«[7] Dementsprechend werden Frühaufsteher-Wettbewerbe ausgerufen, Frühaufsteher-Aktionen veranstaltet und sogar Frühaufsteher des Monats gekürt – ungeachtet der Frage, was beispielsweise die sympathische Hebamme, die mit diesem Preis geehrt wurde, macht, wenn ein Baby partout erst am späten Abend zur Welt kommen will.

Bei aller Anerkennung der Wandlung, die das Chemiedreieck zwischen Leuna, Buna und Bitterfeld von der Dreckschleuder der Nation auf dem Weg zum profitablen Wirtschaftsstandpunkt durchlaufen hat, ist seit Walter Gropius' revolutionärer Bauhaus-Bewegung allerdings immer noch nicht allzu viel los in und rund um die Landeshauptstadt Magdeburg. Im Bundesländerranking der *Initiative Neue Soziale Marktwirtschaft* und der *WirtschaftsWoche* belegt das Land 2010 in den Kategorien Wirtschaftskraft und Wohlstand jedenfalls einen müden vorletzten 15. Platz. Frühaufstehen scheint also nicht das Allheilmittel für einen Wirtschaftsboom zu sein.

All den vollmundigen Lobpreisungen des frühen Aufstehens steht entgegen, dass schon seit längerem Wissenschaftler gegen Vorverurteilungen und Anfeindungen ankämpfen, denen Langschläfer ausgesetzt sind. Dabei verweisen sie auf biologische Dispositionen, auf die die Betroffenen keinen Einfluss haben. Es gibt Menschen, deren innere Uhr so eingestellt ist, dass ihnen das frühe Aufstehen leichtfällt, und es gibt Menschen, die abends einfach besser drauf sind. Professor Christoph Randler von der Universität Leipzig, der eine umfassende Studie zu diesem Thema durchgeführt hat, nennt diese beiden Typen »Lerchen« und »Eulen« und beklagt, dass denjenigen, die lieber ausschlafen wollen, meist mit verständnislosem Kopfschütteln begegnet wird. Denn umpolen lassen sich die verschiedenen Typen schlichtweg nicht – weder durch Lichttherapie, noch durch bunte Pillen oder frühes Zubettgehen. »Da können die einfach noch nicht einschlafen«, meint Randler. »Und den Schlaf zu erzwingen, funktioniert noch weniger, als das Wachsein irgendwie aufrechtzuerhalten. Hinzu kommt, dass die gegen ihre innere Uhr Lebenden kaum Appetit auf Frühstück haben und daraus weitere Defizite resultieren.«[8]

Langschläfer, die fortlaufend zum Frühaufstehen genötigt werden, fristen so gesehen ihr Leben im dauerhaften Jetlag. Ihre innere Uhr tickt bis zu vier Stunden hinter derjenigen der Lerchen her, und je mehr sie gezwungen sind, gegen ihren natürlichen Takt zu leben, desto eher greifen sie Studien zufolge zu Alkohol und Zigaretten. Sie werden öfter krank und sind aufgrund der permanenten Asynchronität von Biorhythmus und allgemeine Alltagsanforderung weniger leistungsfähig. Vielleicht liegt gerade darin die Ursache dafür, dass ihre Umwelt die Langschläfer als lahm und schwerfällig erlebt – und dabei Ursache und Wirkung vertauscht. Es sind nicht die Eulen, die das System durch vorgebliche Leistungsverweigerung kaputtmachen, sondern es ist das System, das sie kaputtmacht.

Besonders deutlich wird diese Misere an den Stundenplänen in deutschen Schulen. Schon seit langem mahnen

Schlafforscher, dass der frühe Schulbeginn die Leistungen der Schüler eher mindere als fördere. Gerade bei Heranwachsenden wird nämlich eine biologisch bedingte Veranlagung zum Langschlafen noch durch hormonelles Chaos verstärkt. Kinder und Jugendliche, die nicht früh zu Bett gehen wollen, sind keinesfalls immer unvernünftige Rebellen, sondern folgen nur ihrem natürlichen Empfinden. Das Schulsystem jedoch ist auf Eltern und Lehrer abgestimmt, bei denen die pubertären Schwankungen längst ausbalanciert sind. Nur so ist zu erklären, dass diese Frühaufsteher-Lobbyisten, allen voran der *Deutsche Philologenverband*, den Vorstoß von Baden-Württembergs ehemaligem Ministerpräsidenten Günther Oettinger torpedierten, den Schulbeginn um eine halbe, wenn nicht sogar um eine Stunde nach hinten zu verlegen. Ihre Argumente zielen auf einen Mangel an Mittagsversorgung und -betreuung, doch der eigentliche Grund der Ablehnung war offenbar der, dass sie mit der derzeitigen Ordnung ganz zufrieden waren – und die Vorteile eines langen, freien Nachmittags weiterhin nicht missen wollten. Dann haben sie nämlich gemeinhin ihr Leistungstief und wollen sich ausruhen ....

Der Verdacht liegt nahe, dass ausgerechnet diejenigen, die über den Beginn des Unterrichts zu entscheiden haben, so disponiert sind, dass sie morgens federleicht aus dem Bett kommen. Denn wer, ausgenommen ein bekennender Masochist, würde freiwillig Lehrer werden und riskieren, ein Arbeitsleben lang pünktlich morgens um acht antreten und sich vor eine Gruppe mürrischer Menschen stellen zu müssen, die ihm allein wegen ihrer unfreiwilligen Müdigkeit das Leben schwermacht? Oder Politiker? Wer morgens um sechs bereits dem *Deutschlandfunk* unfallfreie Interviews zu Atompolitik, Volkswirtschaft und globaler Krise geben kann, kann gar nicht einfühlsam genug sein, um sich in die Lage von Langschläfern zu versetzen. Es ist wie bei Links- und Rechtshändern: Wäre die Mehrzahl unter uns Linkshänder, wäre die Welt von den Politikern danach ausgerichtet. Autos, Scheren, Tastaturen – alles hätte einen Linksdrall.

So aber werden die Langschläfer (und gerade Jugendliche tendieren aufgrund der Entwicklungsphase, die sie durchleiden, fast allesamt zum Eulentum) von frischfrommfröhlichfreien frühaufstehenden Lehrern und Politikern in ein Leben gezwungen, das sie nötigt, zu Zeiten wach zu sein, in denen sie noch nicht einmal ihren Namen buchstabieren können.

Ein Beispiel von besonders grausamer Härte gab Holger Schwannecke, der Generalsekretär des *Zentralverbandes des Deutschen Handwerks*. Kurz nach seinem Antritt im Januar 2010 jammerte er medienwirksam in einer großen Boulevardzeitung über die Schulabgänger, über deren lückenhafte Sprach-, Schreib-, Lese- und Rechenkenntnisse und schlechte Vorbereitung auf das Berufs- und Arbeitsleben. Er unterstrich seine Behauptung, dass der Nachwuchs schlecht ausgebildet sei, mit der Aussage: »Viele Schulabgänger kommen morgens nicht aus dem Bett.«[9] Stimmt, möchte man ihm zurufen, das ist nämlich völlig normal und hat nichts mit Charakterschwäche oder mangelndem Willen zu tun. Denn die jungen Leute können nichts dafür – ihre Hormone geben ihnen das vor, ihre innere Uhr, ihr biologischer Rhythmus. Für die meisten Jugendlichen sind daher ein früher Schul- oder Arbeitsbeginn eine Qual. Schlafforscher Christoph Randler warnt: »Die Mehrzahl der Schüler und Studenten ist da einfach noch nicht wach. Wer morgens halb acht in eine zehnte Klasse oder einen Hörsaal schaut, dem tut sich nämlich ein schreckliches Bild auf.«[10] Sinn ergibt das frühe Aufstehen nur bei denjenigen, die darauf gepolt sind, morgens zu singen. »Das heißt allerdings keinesfalls, dass die intelligenter sind, systematischer oder disziplinierter gelernt haben. Es heißt nur, dass diese jungen Leute das Glück hatten, in jenen Stunden des Tages herausgefordert zu werden, in denen sie munter waren.«[11]

Die Jugendlichen können also selbst beim besten Willen nichts daran ändern, dass sie morgens müde aus der Wäsche gucken. Leute wie Holger Schwannecke könnten hingegen schon was ändern. Denn was spräche gegen einen späteren Arbeitsbeginn in den Handwerksbetrieben? Aus Sicht der Lerchen bestimmt einiges, doch sie sind nicht die Mehrheit. Es wäre zum Vorteil für den Großteil der Arbeiter, deren Leistungsstärke so voll ausgeschöpft werden könnte, und das Gejammer über die faulen Jugendlichen würde endlich verstummen.

Allein, es bleibt der Eindruck, dass die mangelnde Willenskraft nicht bei Langschläfern zu suchen ist, sondern bei denen, die früh aufstehen – hinsichtlich des Willens, etwas zu ändern. Denn dass Langschläfer automatisch mit Laxheit und Schlendrian in Verbindung gebracht werden, ist eine böse Unterstellung. Nicht nur, dass diese Gleichung auf falschen Prämissen beruht, auch der Umkehrschluss ist nicht gültig. Denn warum sollte jemand, der früh aufsteht, per se mehr leisten als einer, der sich fit schläft für die Herausforderungen des kommenden Tages? Was ist mit den vielen Schicht- und Nachtarbeitern, die zu später Stunde das Bruttosozialprodukt steigern und erst dann zu Bett gehen, wenn bei anderen bereits der Wecker klingelt – haben die nicht auch ein Recht auf ihren wohlverdienten Schlaf? Ohne, dass sie von ihrer Umwelt als Faulenzer verurteilt werden?

Die Gebetsstunden der christlichen Liturgie, die im wahrsten Sinne des Wortes in aller Herrgottsfrühe beginnen, waren früher nur für klerikale Zirkel bestimmt. Auch die Bauern hatten ihre Mühe mit der Frühe. Die Kühe mussten gemolken, die Äcker bestellt werden; wer spät aufstand, sah nicht mehr viel vom Tag oder musste teuer für Talg, Kerzen und Petroleum bezahlen. Aber unser Leben funktioniert schon lange nicht mehr nach den Regeln von Ackerbau und Viehzucht. Der Münchener Chronobiologe Till Roenneberg, der den Zusammenhang von Schlafbedürfnis und innerer Uhr im Wandel der Zeit erforscht, erklärt: »Für die meisten Menschen gilt: Je weniger Tageslicht sie abbekommen, desto später bettet sich ihre innere Uhr in den wirklichen Tag ein. Wären wir alle noch Landwirte und säßen nicht so viel in dunklen Büros herum, gäbe es viel weniger Spätschläfer, aber auch weniger Menschen, die bereits um acht Uhr schlafen wollen.«[12] Dennoch hat sich der Appell an die Ausnutzung des Lichtes bis heute fortgesetzt. Wer früh aufsteht, gilt als guter Mensch und hat den gesellschaftlichen Konsens auf seiner Seite. Man sollte annehmen, dass seit Erfindung des Gaslichts im 19. Jahrhundert, spätestens aber seit Thomas Alva Edison um 1880 New York und von da aus die ganze Welt zum Leuchten gebracht hat, alle Vorurteile gegenüber Spätaufstehern hinfällig sind. Dennoch: Wer lange schläft und keine Lust verspürt, sich der Gewaltherrschaft der Aufgeweckten zu fügen, lebt ein Leben, das geprägt ist von Vorurteilen und Spott. Bekannt ist die Karikatur vom deutschen Michel, der Personifizierung von Schwerfälligkeit und unbeweglichem Gemüt, von Dumpfheit und Ignoranz. Seine Schlafmütze ist das Symbol des faulen, langsamen, trägen Zeitgenossen.

Ein Blick in die Weltgeschichte zeigt allerdings: Viele der größten Köpfe und bedeutendsten Künstler waren bekennende Spätaufsteher: Kaiser Augustus ließ seine Träume vom beruhigenden Klang des Springbrunnens, der im Innenhof seines Palastes plätscherte, untermalen, bis ihn die Mittagssonne kitzelte – schrieb dann jedoch bis in die folgenden Morgenstunden an Gesetzen, Verfügungen und mancherlei Briefen. Friedrich Schiller arbeitete am Stehpult und mit reichlich Kaffee bis weit nach Mitternacht an seinen Stücken und durfte danach bis in den späten Mittag von niemandem, der nicht Opfer einer seiner gefürchteten Zornausbrüche werden wollte, behelligt werden. Sein Freund und Förderer Johann Wolfgang von Goethe machte schon in seinen Frankfurter Jugendjahren von sich reden, weil ihn keiner vor zehn Uhr morgens stören durfte. Robert Walser erfrischte sich durch ausgedehntes Ausschlafen von den langen Spaziergängen, die er mit Vorliebe bei Mondschein unternahm. Und Albert Einstein hätte wahrscheinlich seine Karriere als höherer Beamter des Berner Patentamtes beendet, hätte er nicht das Dunkel der Nacht genutzt, um die schwarzen Löcher des Universums zu erforschen. Die Liste der bedeutenden Spätaufsteher ist lang. Ob Marcel

Proust oder Heinrich Heine, Jean-Paul Sartre, Bertolt Brecht, Simone de Beauvoir, Rahel Varnhagen van Ense, Voltaire oder Fürst Heinrich von Pückler-Muskau, Alexander von Humboldt oder sein Bruder Wilhelm, Leonardo da Vinci, John Lennon, Marion Gräfin Dönhoff, Brigitte Bardot, Marilyn Monroe, Marlene Dietrich, Ulrich Tukur, Coco Chanel, Tina Turner, Bertrand Russell, John F. Kennedy und Barack Obama – sie alle schätzten und schätzen das Gold der Morgenstunde am liebsten weich gebettet und haben dennoch mit ihrem Schaffen die Welt bewegt.

Wieso Langschläfer die besseren Menschen sind

Langschläfer sind Nachtarbeiter. Sie sind zumeist innovativ, geistvoll, weltoffen, tolerant und voller Humor. Sie gewinnen dem Hamsterrad-Treiben ihrer aufgeweckten Gegenspieler nur ein müdes Lächeln ab, weil sie sich nächtens neue Welten erschließen und zu Höhenflügen begeben. Und vielleicht trägt zu ihrer allgemeinen Entspanntheit bei, dass die Nacht eben nicht nur der Arbeit, den Innovationen, der Kunst und der Forschung vorbehalten ist, sondern auch anderen Genüssen Raum bietet – frei nach Patti Smith' großartigem Song *Because the night belongs to lovers*. Langschläfer kümmern sich nicht um den Schönheitsschlaf vor Mitternacht, sondern lieber um ihren Geliebten oder ihre Geliebte. Es ist ein Hohn auf ihren Lebensstil, dass die gesetzliche Nachtruhe in unserem Land von 22 Uhr bis 6 Uhr morgens festgelegt ist.

Selbst wenn es mancher Lerche weh tut: Langschläfer sind so gesehen die besseren Menschen. Auch, weil sie im Gegensatz zu den Frühaufstehern niemanden dazu nötigen, ihrem Rhythmus zu folgen, und sich nicht daran stören, dass es Menschen gibt, die sich bereits nach dem *Tatort* vom Tage verabschieden.

Dieses Buch tritt nicht nur für Toleranz gegenüber Langschläfern ein, es ist auch – und vor allem – ein fröhliches Plädoyer für einen entspannteren Lebensstil. Und was wäre geeigneter, um diesen Lebensstil zu feiern, als den stolzesten Vorkämpfern dieser Bewegung endlich ein Denkmal zu setzen? Diese Pioniere sollen hochleben, und ihr Vorbild soll nicht nur im Mondlicht, sondern auch bei Tage leuchten, damit diejenigen, die noch ein Leben unter dem Joch des frühen Weckerklingelns führen, sich endlich gegen diesen Zwang erheben. Denn frühes Aufstehen ist nicht gottgegeben, sondern der Lebensstil einer Lobby, deren Biorhythmus nach der inneren Uhr mittelalterlicher Ackerbauern tickt und uns mit moralischen Vorhaltungen weismachen will, dass ihr Lebenswandel der bessere sei, während er in Wahrheit nur ihnen die Vorteile von Strukturen einbringt, die sie selbst errichtet und durch Gesetze manifestiert haben. Alle anderen hetzen zum Kindergarten, zur Arbeit, zur Schule und nehmen ihr Frühstück auf die Schnelle im Laufschritt ein, weil sie dem Zeitdiktat, dem sie unterworfen sind, durch ein Herumdrehen im Bett entfliehen wollten.

Es ist Zeit, dass man unseren Lebensstil als einen normalen anerkennt und die Infrastrukturen unserer Welt nach unseren Bedürfnissen ausrichtet. Später Schulbeginn und lange Ladenöffnungszeiten, gleitender Arbeitsantritt bis in den Mittag und billiger Strom für den nächtlichen Schaffensdrang, Ärzte, die bis in den Abend praktizieren, und Postboten, die erst am Nachmittag klingeln – das alles ist machbar, wenn wir laut werden und unser Recht einfordern, wenn wir den Schuldkomplex, der uns eingeredet wurde, ablegen und uns nicht mehr in die Ecke der Sonderlinge drängen lassen.

Wir Langschläfer sind viele. Und hoffentlich werden durch dieses Buch diejenigen ermutigt, zu ihrem Lebensstil zu stehen, die bislang noch verschämt aus ihren Federbetten kriechen und mit viel Kaffee morgendliche Aufgeweacktheit simulieren. Die Zeit der Scham ist vorbei. Wir sagen laut und deutlich: Der frühe Vogel kann uns mal!

Sechs Gründe, sich als Eule zu outen

Wer schläft, sündigt nicht.
Wer vorher sündigt, schläft besser.
Giacomo Casanova

Natürlich ist der Langschläfer in einer Welt, in der gesetzliche Ruhezeiten von 22 bis 6 Uhr verbindlich sind, im Nachteil. Und auch ein durchschnittlicher Arbeitsbeginn um 8 Uhr morgens wirft ihn weit zurück. Lerchen-Schüler bekommen die besseren Noten, Lerchen-Arbeitnehmern eröffnen sich steilere Karrieren. Bis eine Eule auf dem gleichen Leistungshoch ist wie ein morgenaktiver Frischfrosch, muss sie mindestens drei doppelte Espressi getrunken haben. Montag und Dienstag mag dieser noch seine Wirkung zeigen, aber zum Wochenende hin, wenn die nachtaktive Eule durch das Einhalten der ordentlichen Arbeitszeiten bereits ein bedenkliches Schlafdefizit angesammelt hat, kommt jegliche Hilfe zu spät. Dann gibt der Langschläfer tatsächlich das trübe Bild ab, das Frühaufsteher von ihm haben: Er ist träge, müde, lasch und unkonzentriert.

Um das Vorurteil, dass sich dadurch manifestiert, zu entkräften, muss umso deutlicher herausgestellt werden, dass Langschläfer auch vorteilhafte Charaktereigenschaften und Wesenszüge haben, von denen morgenfrische Lerchen nur träumen – vielleicht sogar in dem von ihnen dringend benötigten Schlaf vor Mitternacht, zu dem sie sich gleich nach dem *heute journal* begeben.

Eulen halten länger durch

Lange Ausdauer ist sicher einer der größten Vorteile, in deren Genuss Eulen aufgrund ihrer genetischen Disposition kommen. Dass sie abends länger durchhalten, befähigt sie nicht nur für alle Berufe, die in der Nacht ausgeübt werden, sondern macht sie am Wochenende, wenn auf Partys, in Clubs oder an Bartheken Kondition gefordert wird, zum King im Ring. Hier unterscheiden sie sich wohltuend von den frühaufstehenden Losern, die abends gelegentlich notgedrungen ihren gesellschaftlichen Verpflichtungen nachkommen, um nicht völlig ins soziale Aus zu schlittern. Langschläfer ordern die richtigen Getränke, und das gerne für die ganze Runde.

Eulen sind geselliger als Lerchen

Das naturgegebene Talent der Eulen, abends besser drauf zu sein, fördert gleichzeitig ihre soziale Kompetenz. Weil Langschläfer den (für sie langen) Abend nicht immer gerne allein mit einem guten Buch auf dem Sofa liegend verbringen, haben sie in der Regel einen großen (zugegebenermaßen von Eulen dominierten) Freundeskreis.

Möglicherweise rührt das daher, dass sich gesellschaftlich Ausgegrenzte immer schon gerne zusammengetan haben, um durch ein Gemeinschaftsgefühl ihre Interessen zu stärken und durchzusetzen. Es ist die alte Huhn-oder-Ei-Frage: Fördert die Fähigkeit, nachts länger durchhalten zu können, die Geselligkeit? Oder fördert der verstärkte Wunsch nach Geselligkeit die Fähigkeit, nachts länger aufbleiben zu können? Wie die Antwort auch ausfallen mag, es zählt der Endeffekt. Denn wenn ein großer Freundeskreis gepflegt und viele vergnügliche Stunden miteinander verbracht werden, ist alles in Ordnung – was Lerchen, die einmal in so eine Runde geraten, durchaus zu schätzen wissen.

Eulen sind die besseren Liebhaber

Apropos vergnügliche Stunden: Manchmal gehen auch nachtaktive Eulen gerne früh zu Bett, und zwar nicht, weil sie früh aufstehen müssen und »vorschlafen« wollen (die Erfahrung hat ihnen gezeigt, dass das ohnehin keinen Zweck hat), sondern weil sie das Kamasutra durchturnen wollen. Eulen pfeifen auf den Schönheitsschlaf vor Mitternacht und widmen sich in diesen kostbaren Stunden lieber ihrem Partner oder ihrer Partnerin – ganz ohne Zeitdruck. Lerchenmänner und -frauen hingegen haben ihre beste Zeit für Höhepunkte genau dann, wenn nach dem Aufwachen der Hormonspiegel ansteigt. Sofern sie diese Gelegenheit nutzen, riskieren sie, die Bahn zu verpassen und zu spät zur Arbeit zu kommen. Unter diesen stressigen Umständen lässt sich auf keinem Gebiet Kompetenz erwerben …

Eulen sind einfallsreicher und innovativer

Eine weitere Disziplin, in der Eulen den Lerchen um Längen voraus sind, ist Einfallsreichtum. Kein Wunder: Wer immerzu den frühen Termin nicht halten kann oder sich im Büro verspätet, dem gehen irgendwann die üblichen Ausreden aus. Über Notlügen wie »Bahn kam nicht« oder »Wecker out of order« kann der aufgeweckte Langschläfer nur lachen – das ist was für Leute, die drei Mal im Jahr zu spät bei der Arbeit eintreffen. Da Langschläfer aber bereits in der ersten Woche des Monats auf diese Anzahl kommen, ist Kreativität gefragt. Diese aus der Not geborene Strategie schult die Fähigkeit, seine Mitmenschen durch Erzählungen auf die eigene Seite zu ziehen, zu begeistern und zu überzeugen.

Ein weiteres Eulen-Plus betrifft das Gebiet der Innovation: Eulen haben die besseren Ideen und den größeren Mut, diese hartnäckig zu verfolgen. Ihre Außenseiterrolle hat sie gelehrt, sich durchzusetzen – auch gegen gängige Lehrmeinungen. Das Paradebeispiel dafür ist sicher Albert Einstein. Satoshi Kanazawa und Kaja Perina behaupten gar, dass es die Nachteulen waren, die die Entwicklung der Menschheit vorangetrieben haben – schon allein deswegen, weil sie es gewagt haben, die Nacht zusätzlich als Arbeits- und Wirkungsraum zu erschließen. Nachteulen sind so gesehen die echten Rebellen und die idealen Mitstreiter bei der Eroberung der globalen Arbeitswelt, in der Stechuhren und Kernarbeitszeiten hinfällig sind.

Eulen sind flexibler

Langschläfer halten nicht an Altem fest, sondern können sich auf Unwägbarkeiten und Veränderungen schnell einstellen. Es ist nicht nur ihre Präferenz für Jobs, die später am Tage beginnen und später am Abend aufhören, die Langschläfer bevorzugt im Kreativ- und Unterhaltungssektor arbeiten lässt, oder ihr an Notlügen und Ausreden geschulter Einfallsreichtum, sondern auch die Erkenntnis, dass das Leben nicht in eine Zeitspanne von 9 bis 17 Uhr gepresst werden kann – eine Gefühlslage, in die ein Frühaufsteher nie gerät und auch nicht geraten möchte. Denn dieser fürchtet Irritationen und reagiert empfindlich auf Veränderungen in seinem Umfeld.

Da aber in der Kreativbranche meist nur unbestimmt vorhergesagt werden kann, was morgen ist, tummeln sich hier die flexiblen Nachteulen. Diese haben so gesehen nicht nur viel interessantere Jobs als all die frühaufstehenden Lehrer und Beamten, die ihnen in der Kindheit und im Alltag das Leben schwermachen, sondern auch die Möglichkeit, jenseits von festgelegten Besoldungsgruppen erfolgreich zu sein.

Eulen sind gelassener

Ein weiteres Plus, das der Langschläfer auf seinem imaginären Wir-sind-die-besseren-Menschen-Konto verbuchen kann, ist seine Gelassenheit im Umgang mit den kleinen Unzulänglichkeiten und Verfehlungen anderer Menschen. Während der Frühaufsteher mit mahnendem Blick auf das Deckglas seiner Uhr pocht, wenn wieder ein Termin nicht eingehalten wurde, oder sein Gegenüber korrigiert, wenn der sich in der Syntax verhaspelt, winken Eulen lässig ab und sehen darüber hinweg. Sie wissen, dass kleine Verfehlungen jedem und jederzeit passieren können.

Möglicherweise liegt die Ursache dafür auch hier darin, dass Eulen ständig mit Vorurteilen und nervöser Ausgrenzung konfrontiert sind. Sie kennen es, als nicht perfekt wahrgenommen zu werden. Deshalb fällt es ihnen leichter, die allgemeine Unvollkommenheit der Menschen zu akzeptieren und sich entsprechend gelassener zu verhalten.

Wenn also irgendjemand mal wieder auftrumpfen und die Vorzüge der Frühaufsteher anpreisen will, können Eulen diese Eiferer gutgelaunt ignorieren und sich in der Gewissheit wiegen, dass die Zukunft ihnen gehört.

Testen Sie Ihr wahres Schlaf-Ich

Schlafen ist kein geringes Kunststück,
denn man muss den ganzen Tag dafür wach bleiben.
Friedrich Nietzsche

Langschläfer oder Frühaufsteher - was sind Sie wirklich? Was für eine Frage, mögen Sie vielleicht empört denken. Schließlich stehen Sie jeden Morgen um sechs Uhr auf, und überhaupt sind Sie in den ganzen Jahren, die Sie nun bereits bei ihrer Firma arbeiten, nicht ein einziges Mal zu spät gekommen. Immer waren Sie zur Stelle, wenn es nötig war, und während andere Kollegen mal kurz an einen stillen Ort verschwunden sind, um sich durch einen kleinen Schlaf zu erfrischen, waren sie immer quicklebendig und wohlauf.

Nun, dann mag in Ihrem Falle kein Zweifel aufkommen, und ein Schelm ist, wer Ihnen keinen Glauben schenkt. Denn wer die Frage stellt, ob jemand früh aufsteht oder lieber lange schläft, bekommt oft haarsträubende Geschichten zu hören. Da wird jeden Morgen vor der Arbeit angeblich gejoggt, Yoga betrieben oder meditiert. Anschließend werden die Aufgaben des Tages nach Prioritäten geordnet und persönliche Schaffensziele gesetzt …

Wahr ist aber: Wer erfolgreich ist und lange schläft – entweder, weil er so veranlagt ist oder weil er es einfach gerne tut –, glaubt dennoch vorgaukeln zu müssen, dass er bereits zu früher Stunde putzmunter aus dem Bett springt und seine Karriere auf morgendlicher Aktivität fußt. Kaum ein graumeliertes Vorstandsmitglied 50plus würde jemals zugeben, dass es sich morgens lieber noch einmal umdreht, wenn der Wecker klingelt, und einen Arbeitsantritt um elf Uhr für angemessen hielte, Erziehungspersonal jeglicher Couleur ebenso wenig, weil es glaubt, eine schon im kindlichen Stadium angelegte vermeintliche Charakterschwäche im Keim ersticken und dementsprechendes Vorbild sein zu müssen. Hausfrauen und -männer schlafen sowieso nicht lange, weil sie dem verbreiteten Vorurteil, dass sie »nur« zu Hause seien, keinen Vorschub leisten wollen. Und natürlich auch deswegen, weil die chronobiologisch auf frühes Aufstehen eingestellten Kinder sie rigoros aus dem Schlaf reißen. Viele fürchten sich sogar davor, was die Nachbarn denken könnten, und hören deswegen nicht auf ihr Körpergefühl.

So sehen sich viele Langschläfer aus Sachzwängen oder moralischen Gründen zum Frühaufstehen getrieben. Doch das kann ihnen auf lange Sicht teuer zu stehen kommen. Denn wer gegen seinen ureigenen Rhythmus lebt, bekommt nicht nur schlechte Laune, sondern kann ernsthaft erkranken. Dabei ist es egal, ob man sich widerstrebend beruflichen Pflichten unterwirft, die um acht Uhr rufen, oder man eigentlich schon um fünf Uhr morgens so fit ist, dass man die Welt erobern könnte, während der Rest der Familie oder der WG es vorzieht, bis in die Puppen zu schlafen.

Deshalb ist es wichtig, ehrlich zu sich zu sein, und sei es mit Hilfe eines kleinen Tests. Die Frage nach dem wahren

Schlaf-Ich geht dabei mit vielen anderen Lebensgewohn-
heiten und Essensvorlieben einher. Die meisten Fragen
werden Sie nicht spontan beantworten können, denn sie
erfordern einige Tage oder gar Wochen der Beobachtung.
Nehmen Sie sich die Zeit – es lohnt sich. Es ist ja immer gut
zu wissen, wer man ist ...

1. Alles auf Zucker?

Schokoriegel und Gummibärchen, Kekse und Lakritze, für
die Konservierung eingesetzte Einfachzucker wie Glukose-
sirup in Wurst, Pizza oder Joghurt geraten quasi unaus-
weichlich auf unseren Speiseplan, außer Sie gehören zu jenen Heiligen des Alltags, die es schaffen, sich makrobiotisch
zu ernähren. Deshalb ist die Frage, ob man Zucker verträgt
oder nicht, nicht einfach zu beantworten. Diejenigen, die
schon einmal unter der Diagnose »Reizdarm« gelitten
haben und sich konsequent ohne Zucker (in welcher Form
auch immer) ernähren müssen, kennen die Antwort
schnell: Für sie ist Zucker Gift. Alle anderen müssen sich
auf eine kleine Phase der Beobachtung einlassen. Dabei
geht es nicht nur darum, ob es *schmeckt*, sondern ob man
Zucker tatsächlich *verträgt*. Es gibt Menschen, die süßen
ihren Tee mit drei Löffel Kandis, gönnen sich jeden Tag
Kuchen und Kekse und fühlen sich dennoch wohl in ihrem
Körper, obwohl er vielleicht nicht mehr normalgewichtig
ist. Andere wiederum haben das Gefühl, dass ihnen durch
irgendeinen unidentifizierbaren Umstand ständig Energie
abgesaugt wird, obwohl sie sich penibel an einer ausgewo-
genen Vollkost orientieren und jedes Dessert dankend zur
Seite schieben. Für die Zuckerfreunde gilt jetzt: Eine Woche

keinen Zucker essen und auch Ersatzsubstanzen wie saure Gurken oder Ketchup meiden und beobachten, was passiert: Nehmen Sie schnell oder langsam oder überhaupt nicht ab? Sind Sie jetzt öfter müde oder vielmehr häufiger munter? Wie schlafen Sie? Für eingefleischte Süß-Abstinenzler gilt hingegen: Ab sofort Zucker in den Kaffee und Torten auf den Tisch, vielleicht noch Freunde dazu einladen, die man mit diesem neuen Lebenswandel schön verblüffen kann, und den Speiseplan durch Nudeln, Pizza und viel Weißbrot erweitern. Für Sie gelten die gleichen Fragen wie oben – mit einer Ausnahme: Sie müssen beobachten, ob Sie schnell, langsam oder überhaupt zunehmen. Viel Vergnügen dabei!

2. Verspüren Sie oft den Wunsch, Mittagsschlaf zu halten?

Es gibt bereits mehrere Websites, auf denen griffige Ausreden ausgetauscht werden, für diejenigen unter Ihnen, denen am Schreibtisch die Augen zufallen. Wenn jemand Sie unvermittelt aus ihren süßen Träumen herausreißt, murmeln Sie laut und vernehmlich: »Im Namen des Vaters, des Sohnes und des Heiligen Geistes. Amen.« (Kann man entsprechend der eigenen Glaubensrichtung modifizieren.) Keiner wird es wagen, Sie zurechtzuweisen, weil Sie Ihren Glauben praktizieren. Oder die: »Entschuldigung! Bei der Blutspende haben Sie mir gesagt, dass das passieren könnte.«

Beide Beispiele weisen darauf hin: Mit dem Mittagsschlaf verhält es sich wie mit dem Langschlafen. Man gilt als faul, arbeitsscheu und bietet den Kolleginnen und Kollegen eine Angriffsfläche für schale Witze. Deshalb gilt es bei den Ausreden, die gute Seite sichtbar zu machen. Ein fester Glaube oder eine Blutspende können die vermeintliche Schmach der Charakterschwäche gut kaschieren.

Hand aufs Herz: Würden Sie mittags schlafen wollen, wenn Sie dürften, dumme Bemerkungen ausblieben und vielleicht der ein oder andere sich ebenfalls dazu bekennen würde? Oder zählen Sie eher zu den Menschen, die sowohl früh aufstehen als auch erstaunlicherweise selbst nach einem schweren Schweinebraten zu Mittag nicht in ein Leistungstief rutschen? Oder schlafen Sie lieber lang und könnten dennoch jederzeit sofort wieder einschlafen? Beobachten Sie sich auch in diesem Punkt für eine Woche.

3. Some like it hot – mögen Sie es scharf?

Beim Thailänder ordern Sie das Gericht, das mit drei Chilischoten ausgewiesen ist, und gabeln es in sich hinein, als wäre es Kinderbrei mit Vanillegeschmack? Egal, wie deftig Sie Ihre Linsensuppe mit Räucherenden und Speckwürfeln serviert bekommen, Sie nehmen selbstverständlich noch eine Portion Senf dazu? Beim Inder meiden Sie cremige Gerichte und setzen stattdessen auf Curry mit viel Muskat, Paprika, Ingwer und Cayennepfeffer? Oder zählen Sie zu denjenigen, die den Eigengeschmack der Lebensmittel schätzen und eigentlich fast alles zu salzig, zu scharf, zu deftig, zu bitter finden? Am liebsten sind Ihnen also milde Gerichte, und gestampfte Kartoffeln zählen zu ihren Leibspeisen? Diese Fragen können Sie sicher schnell beantworten.

4. Fünf gegen drei?

Die Empfehlung, seine Mahlzeiten lieber auf fünf kleine Speisen zu verteilen, statt drei große Mahlzeiten zu sich zu nehmen, ist ein weitverbreiteter Unfug, der in Lifestyle- und Frauenzeitschriften immer wieder aufbereitet wird, tatsächlich aber nicht jedem Typus guttut. Denkt man einmal in Ruhe darüber nach, erschließen sich die Hintergründe: Der Magen verdaut noch und die Bauchspeicheldrüse produziert noch Insulin, da wird beiden bereits die nächste Portion zugemutet, so dass sie überhaupt keine Ruhe finden. Sie sind immer in Aktion. Der Körper hat überhaupt nicht die Möglichkeit, ein echtes Hungergefühl zu entwickeln und dies entsprechend zu signalisieren. Das ist längst nicht für jedermann gut.

Da viele Menschen den ihnen angemessenen Rhythmus von Nahrungsaufnahme und Nahrungsverarbeitung – wie beim Zucker – gar nicht mehr richtig wahrnehmen, hilft auch hier nur ein Experiment: Essen Sie grundsätzlich nur dann, wenn Sie Hunger haben! Und beobachten Sie, wie es Ihnen dabei geht. Quälen Sie sich von Mahlzeit zu Mahlzeit? Nehmen Konzentrations- und Leistungsfähigkeit ab, wenn Sie »nur« zwei oder drei Mal am Tag essen? Oder werden Sie müder und müder, obwohl Sie sich durch Zwischenmahlzeiten und kleine Snacks verbrauchte Energie vermeintlich zurückholen? Es kann lange dauern, bis Sie Ihren Rhythmus erkannt haben, aber wenn Sie es raushaben, dann wissen Sie auch, wie Sie ohne Verzicht ein paar Kilo abnehmen können. Oder schlank bleiben.

5. Leben lassen oder feste Regeln einhalten

Die Veranlagung, lange zu schlafen, geht einher mit bestimmten Charaktereigenschaften. Einige davon sind durchaus sozial bedingt, und man steht vor dem bekannten

Huhn-Ei-Problem. Zum Beispiel angesichts der Tatsache, dass Langschläfer notorische Zuspätkommer sind, Frühaufsteher hingegen oft pünktlich erscheinen – was war zuerst da: die Veranlagung, früh aufzustehen, oder der Wunsch, pünktlich zu sein? Es ist schwierig, in jedem Fall Ursache und Wirkung auseinanderzuhalten. Vielleicht war der Wunsch, pünktlich zu sein, so dominant, dass es selbst einem moderaten Langschläfer gelungen ist, seinen Tag-Nacht-Rhythmus zu verschieben und nicht mehr zu spät zu kommen? Vielleicht aber ist das Bedürfnis, zu einer abgemachten Zeit irgendwo einzutreffen, einfach nur ein positiver Effekt der Veranlagung, aufzuwachen, bevor die Sonne aufgegangen ist? Nichtsdestoweniger gibt es Studien, die nachweisen, dass bestimmte Schlafgewohnheiten mit gewissen Charaktereigenschaften einhergehen. Fragen Sie sich deshalb ehrlich: Nervt es Sie, wenn Ihre Gesprächspartner sich nicht korrekt ausdrücken können? Korrigieren Sie den anderen, wenn er sich verspricht – mit dem Ziel, ihm beizubringen, wie er es beim nächsten Mal richtig machen kann? Haben Sie den Eindruck, dass es nicht richtig ist, wenn in einer Hausgemeinschaft nur Sie derjenige sind, der sich an die Pläne zum wöchentlichen Treppenputzen hält – oder übernehmen Sie das auch einfach mal, wenn Sie merken, dass das junge Pärchen von Gegenüber dazu nicht in der Lage ist? Geben Sie grundsätzlich Trinkgeld, auch wenn der Service mies war, oder machen Sie Ihr Wohlwollen von der Freundlichkeit und Hilfsbereitschaft der Servicekraft abhängig? Wichtig: Schreiben Sie als Antworten auf diese Fragen nicht auf, wie Sie gerne wären, sondern wie Sie sich tatsächlich verhalten!

6. Grüblerisch oder zupackend?

Es gibt eine weitere Charaktereigenschaft, die einen Bezug zum Schlaftypus hat, auch wenn hier ebenfalls auf das Huhn-Ei-Problem verwiesen sein soll: Sind Sie genervt, wenn jemand im Auto vor Ihnen zu lange mit dem Anfahren wartet, sobald die Ampel von Gelb auf Grün springt? Krempeln Sie lieber die Ärmel hoch und machen die Dinge allein, bevor Sie jemandem (aus Ihrer Sicht lang und breit) erklären, wie etwas angepackt werden soll? Und glauben Sie dabei, dass die Art, wie Sie es machen, ohnehin die einzig richtige ist? Wenn Sie zum Beispiel eine Wohnungsanzeige in der Zeitung sehen, die Sie im Großen und Ganzen interessiert, aber in der auch einiges nicht Ihren Vorstellungen entspricht, greifen Sie dann sofort zum Hörer und fragen nach? Oder besprechen Sie erst alle Fragen mit Ihrem Partner oder Ihren Freunden und wägen Pro und Kontra ab, bevor Sie beim Makler anrufen? Beobachten Sie sich genau und seien Sie ehrlich!

7. Tee oder Kaffee?

Es gibt bestimmte Dinge im Leben, die sind uns so zur Gewohnheit geworden, dass wir sie nicht mehr missen wollen, obwohl sie uns bei genauem Betrachten vielleicht gar nicht guttun. Beim Rauchen ist die Sache klar. Selbst unter denjenigen, die bewusst und gerne rauchen, wissen die meisten um die gesundheitsschädigende Wirkung ihres Tuns. Viele Raucher hegen den heimlichen Wunsch, aufzuhören, und ergehen sich in Rechtfertigungen (»Ich habe Angst zuzunehmen!«), wenn man sie auf ihre Gewohnheit anspricht. Aber es gibt auch eine Neigung, die weniger in der Diskussion steht als das Rauchen und die dennoch auf lange Zeit gesehen einen schädlichen Effekt haben kann – und das betrifft das Kaffeetrinken. Nun mögen uns Ärzte und Gesundheitsapostel schon jahrelang eingeredet haben, dass Kaffee den Blutdruck erhöhe, für Unruhe, Zittern, Nervosität verantwortlich sei, den Schlaf raube und einen roten Kopf mache und darüber hinaus das Herz schädige, während die allermeisten Kaffeetrinker leben und täglich ihren Cappuccino, Espresso oder Einspänner genießen, denn es schmeckt einfach, und was schmeckt, das kann nicht schaden …

Das mag für die einen stimmen. Aber es gibt, wie beim Zucker, auch Menschen, die Kaffee nicht vertragen, auch wenn die Symptome, vor denen immerzu gewarnt wird, gar nicht auftreten. Ein sicheres Indiz für eine Unverträglichkeit ist: Man trinkt Tasse um Tasse und hat dennoch Mühe, sich gerade und die Augen offen zu halten, und droht jede Minute mit dem Kopf auf die Werkbank oder den Schreibtisch zu knallen. Man kann Kaffee kurz vor dem Zubettgehen trinken, ohne dass dies die geringsten Probleme beim Einschlafen bereitet. Wenn das bei Ihnen zutrifft, dann fragen Sie sich ehrlich: Warum trinken Sie Kaffee, wenn er bei Ihnen gar nicht so wirkt, wie man sich das vorstellt? Kaffee soll wach machen, nicht müde. Wirkt er einschläfernd, dann weist das auf eine Unverträglichkeit hin. Auch wenn Ihnen der Gedanke zunnächst widerwärtig sein mag: Probieren Sie es in so einem Fall einmal mit grünem Tee. Wie wirkt er? Fühlen Sie sich fit? Munter? Frisch? Aufgeweckt? Oder eher müde? Ziehen Sie diesen Selbstversuch ein paar Wochen durch – und dann beantworten Sie die Frage: Kaffee oder Tee?

8. Fleisch oder Nudeln?

Auch bei der Beantwortung dieser Frage spielen moralische und ethische Aspekt mit hinein. Die meisten Tiere werden nicht artgerecht gehalten. Sie werden qualvoll aufgezogen, gemästet, durch halb Europa transportiert, und grausam geschlachtet. Alle drei Sekunden stirbt gleichzeitig in den armen Ländern ein Mensch an Unterernährung, während für den Fleischhunger der Industrienationen ein Großteil der Soja- und Getreideernten an Schlachtvieh verfüttert wird. Für den Anbau wird jede Minute eine Fläche von 34,6 Fußballfeldern an Regenwald gerodet. Die Folge: Unzählige Pflanzen- und Tierarten sterben aus. Insofern ist die Frage, ob man Fleisch essen darf oder nicht, allein schon ethisch berechtigt. Doch davon abgesehen gib es auch einen ganz manifesten genetischen Aspekt: Es gibt Menschen, die eine Unverträglichkeit gegenüber Kohlehydraten besitzen. Deren Organismus ist auf die Verarbeitung von eiweißhaltiger Nahrung disponiert. Sie werden müde, wenn sie Brot und Nudeln essen, und dick. Aber bei Fleisch oder hochwertigen Sojaprodukten bleiben sie fit. Auch wenn es die eigenen moralischen Maßstäbe anficht, sollten Sie sich fragen: Sind Sie wirklich für eine kohlehydratreiche Ernährung geschaffen? Auch hier heißt es wieder, einen Versuch an sich selbst durchzuführen, und – gegebenenfalls über mehrere Wochen – zu beobachten, wie Ihr Körper auf kohlehydratreiche Kost beziehungsweise auf Fleischkonsum reagiert. In welchem Fall fühlen Sie sich oft müde und energielos oder könnten im Gegenteil Bäume ausreißen?

Die Auswertung des Testes finden Sie ab Seite 209.

Harte Fakten für
aufgeweckte Langschläfer

*Ich würde alles auf der Welt tun,
um meine Jugend wiederzuerlangen, außer Sport treiben,
früh aufstehen oder ehrbar werden.*
Oscar Wilde, *Das Bildnis des Dorian Gray*

Es kommt auf die Länge an ...

Was heißt das eigentlich: Langschläfer sein? Lang ist das
Gegenteil von kurz. Aber tatsächlich kommen nur die wenigsten Menschen hierzulande mit einem kurzen Schlaf
aus. Die durchschnittliche nächtliche Ruhephase vom
Lichtlöschen bis zum Weckerklingeln dauert acht Stunden.
Das gilt für jeden Vierten in der Bevölkerung. Fast zwei von
drei Personen, also die Mehrzahl, benötigen eine halbe
Stunde weniger (7,5 Stunden) oder eine halbe Stunde mehr
(8,5 Stunden) Schlaf, um die Batterien wieder aufzuladen.
Menschen, deren Schlafbedürfnis wirklich gering ist, also
lediglich ca. fünf Stunden beträgt, gibt es nur wenige – nämlich etwa ein Prozent der Gesamtbevölkerung. Ebenso viele
brauchen mehr als zehn Stunden Schlaf, um jenen Zustand
zu erreichen, den sie mit »wach« beschreiben würden. *Das*

sind die echten Langschläfer – nicht diejenigen, die sich bloß weigern, mit den sprichwörtlichen Hühnern aufzustehen.

»Lang« ist also durchaus eine relative Größe, und in den allermeisten Fällen schlafen Langschläfer genauso lang wie Frühaufsteher. »Lang« bedeutet also nur »etwas länger in den Tag hinein« – und da stellt sich die Frage: Was ist überhaupt ein Tag? Auch das ist ziemlich relativ.

Für viele beginnt der Tag, wenn die Sonne aufgeht, für andere erst dann, wenn die Läden öffnen oder man sich langsam den Geschäften des Tages widmet, und er endet abends mit dem Untergang der Sonne bzw. wenn die Läden wieder schließen oder man sich langsam auf die Nachtruhe vorbereitet. Und selbst diese unterschiedlichen Definitionen sind im Vergleich zu sehen. Denn während in Thailand wegen seiner Äquatornähe die Sonne das gesamte Jahr über gegen 5.45 Uhr auf- und gegen 17.45 Uhr untergeht, ein Tag dort also gut und gerne zwölf Stunden umfasst, ist die Tageslänge in allen nördlicheren und südlicheren Regionen über das ganze Jahr hinweg umso variabler, je näher sie sich in der Nähe der Pole befinden. In allen Ländern vom 60. Breitengrad bis zu den Polen geht um die Wintersonnenwende herum die Sonne über mehrere Tage gar nicht auf, während es im Sommer zu den sogenannten »Weißen Nächten« kommt, in denen die Sonne niemals hinterm Horizont verschwindet. An den Polen ist die Situation so extrem, dass sich dieser Zeitraum über ein halbes Jahr erstreckt: Ein Polartag dauert also sechs Monate. Wer hier die Sonnenauf- und Sonnenuntergangsstrategie verfolgt, erleidet Schiffbruch.

Mit der Erfindung der Uhr entstand eine andere Möglichkeit, einen Tag zu definieren. Ein Tag beginnt demnach um

0 Uhr und endet um 24 Uhr, wobei hier der Anfang des einen Tages zeitgleich auf das Ende des vorhergehenden Tages fällt. Dies ist eine künstliche und von Menschen definierte Sichtweise, aber immerhin eine, die sich an die ungefähre Periode einer Erdumdrehung anpasst, die nach natürlichem Empfinden einen Tag ausmacht.

Nicht immer war die Mitternachtssekunde der Anfang bzw. das Ende eines Tages. Als Europa die Handelswege nach Asien erschloss, schaute man sich die Art, wie man die Zeit zählt, aus dem Orient ab und führte die sogenannte »Italienische Stunde« ein, die so heißt, weil sie besonders in den norditalienischen Handelsmetropolen Furore machte: In dem Moment, in dem die Sonne untergeht, zählte man schon die Stunden des neuen Tages. Der neue Tag begann also schon spätabends. Ein Relikt dieser Zeitmessung ist der Sabbat, der am Freitag mit Sonnenuntergang beginnt. Das heißt: Wenn man aufwachte, wusste man gleich, wie viele Stunden bis zur Abenddämmerung vom Tage noch übrig blieben – und bei dieser Zeitrechnung fällt es tatsächlich ins Gewicht, wenn jemand die kostbaren Stunden des Tageslichtes verschläft. Dieses Konzept knüpfte an die Notwendigkeiten der neuen florierenden bürgerlichen Gesellschaften der Renaissance an. Nur wer zu einem bestimmten, allgemein vereinbarten Zeitpunkt die Türen seiner Kontore, Büros und Läden öffnete oder seine Waren auf den Markt- und Handelsplätzen präsentierte, hatte die Garantie, auf Kundschaft zu stoßen und gute Geschäfte zu machen, denn umgekehrt wusste ein potentieller Käufer somit genau, wann er nach Angeboten suchen und vielleicht ein Schnäppchen machen konnte, und unter solchen Bedingungen hatte der Spruch »Morgenstund hat Gold im Mund« durchaus seine Berechtigung.

Dies wurde jedoch längst nicht überall so gehandhabt. Jürgen Zulley und Barbara Knab schreiben in ihrem Buch *Unsere innere Uhr*: »Das gesamte Mittelalter hindurch bis weit in die Neuzeit gab es keinen einheitlichen Beginn des Tages. Die Orte konnten ihre Zeit mehr oder minder autonom einteilen, und so begannen die einen ihren Tag morgens, die anderen mittags und wieder andere um Mitternacht. Erst seit dem neunzehnten Jahrhundert hat sich ganz Europa und inzwischen die ganze Welt auf die Mitternacht bei Tagesbeginn geeinigt – den Zeitpunkt, der nicht nur im alten Rom galt, sondern auch im klassischen China.«[13] Nicht zuletzt dank Napoleon übrigens, zu dessen wichtigsten Bestrebungen die Vereinheitlichung diverser zeitlicher und räumlicher Maße zählte.

Lange Zeit kannte man in unseren Breitengraden nur einen zeitlichen Orientierungspunkt: Wenn die Sonne am höchsten stand, dann war Mittag – mehr brauchte man nicht zu wissen in den kleinen Gemeinschaften und Weilern rund um Marktplatz und Kirchturm. Wie beschaulich das Leben weit vor der Kapitalisierung der Märkte und der zeitlichen Gleichschaltung aussah, schildert Emanuel Le Roy Ladurie in einer Studie über die Lebensumstände im mittelalterlichen Dorf Montaillou. Ob Schäfer oder Bauer, Schuhmacher oder Tischler, Magd oder Knecht – die Arbeit wurde nicht als derart verpflichtend oder fesselnd empfunden, dass man sich nicht jederzeit von ihr hätte losreißen können. Man kam und ging mehr oder weniger, wann man wollte, und schlief, so lange es einem guttat und wann einem danach verlangte. Ob morgens länger oder mittags, weil die Sonne zu heiß brannte – niemand nahm an einem Nickerchen Anstoß oder hätte gar gewagt, einen Langschläfer als faul, nichtsnutzig oder charakterschwach zu bezeichnen.

Erst die Einführung der Uhr, die mit der Ausweitung der Handelszonen über die Dorfgrenzen hinaus einherging, sollte dies grundlegend ändern. Der Versuch, die Menschen im Takt der Uhr gleichzuschalten, um sich zu bestimmten Zeiten für Märkte und Handel zu verabreden, fing mit der Einführung der Kirchenuhr Ende des 14. Jahrhunderts an. Der Rhythmus, den diese mechanischen Räderwerke vorgaben, bereitete die ungezwungene Dorfgemeinschaft jedoch schonend auf eine Welt der Pünktlichkeit und Arbeitskontrolle vor. Denn die mechanischen Ur-Uhren schienen sich der Lebensweise der Dorfleute anzupassen. Sie waren so ungenau, dass sie sich bis zu einer Stunde am Tag verspäteten oder verfrühten. Mehr Präzision kam erst mit dem Pendel. Leonardo da Vinci hatte dessen Eigenschaften als Erster untersucht, Galileo Galilei schließlich erkannte, dass die Schwingungsfrequenz von der Pendellänge abhängt. Das war 1581, doch erst um 1700 war es möglich, dieses Wissen beim Bau von Uhren umzusetzen. Diese besaßen sogar einen Minutenzeiger. Die ersten Taschenuhren wurden ab Mitte des 19. Jahrhunderts üblich.

Die Diktatur der Zeit setzte allerdings erst mit der Entstehung der Großfabriken in der zweiten Hälfte des 19. Jahrhunderts ein, als aus freien Bauern, die massenweise ihr Land abtraten, Lohnknechte der Industrie wurden. In den Anfangsphasen der Industrialisierung mahnte noch eine große Uhr über dem Eingang die Arbeiterinnen und Arbeiter zur Pünktlichkeit. Zudem folgte bald die Einführung der Stechuhr, die minutiös das Kommen und Gehen der Werkstätigen aufzeichnete. Erst mit diesem Akt wurde Zeit wirklich zu Geld.

Freilich pulsierte Mitte des 19. Jahrhunderts immer noch jeder Ort nach seinem eigenen Takt, auch wenn die Orte größer wurden und mit ihnen die lokalen Zeitzonen. Die Lokalzeit der jeweiligen Hauptstadt gab vor, wie die Menschen zu ticken hatten. In Bayern beispielsweise galt die Münchener Zeit, in Preußen die Berliner Zeit, die sieben Minuten vor dem Rhythmus lag, den die Isar-Stadt vorgab. In Wien orientierte man sich an der Prager Zeit, es gab aber auch andere lokale Bezugsgrößen wie die Lindauer, die Budapester oder die Lemberger Zeit. Schwierigkeiten bereitete das niemandem, denn Handel und Aktivitäten waren auf einen überschaubaren Raum begrenzt, aber mit der Einführung des Zugverkehrs führte dies unweigerlich zu verstärkten Unsicherheiten in der Ausgestaltung der Fahrpläne: Wenn ein Zug aus Wien (Prager Zeit) über München (Bayerische Zeit) nach Berlin (Berliner Zeit) fuhr, welche Ankunfts- und Abfahrtszeiten waren da gültig?

Das *Gesetz betreffend die Einführung einer einheitlichen Zeitbestimmung*, kurz: das Zeitgesetz von 1893, machte den Irritationen ein Ende. Seitdem orientiert sich die Zeitmessung in Mitteleuropa an der mittleren Sonnenzeit des 15. Längengrades östlich von Greenwich und ist allgemein verbindlich – auch wenn es in Berlin im Winter bereits dunkel ist, während sich in München trinklustige Menschen noch bei Dämmerung ein Weißbier nach Feierabend genehmigen.

Seitdem stirbt die Unpünktlichkeit aus; »Arbeitsbeginn acht Uhr« heißt nichts anderes als »Arbeitsbeginn acht Uhr«, und zwar für alle. Und solche allgemeinen Verbindlichkeiten schaffen Normen, die mit moralischen Appellen untermauert werden. Kalendersprüche wie »Zeit ist Geld« oder »Morgenstund hat Gold im Mund« bilden den Überbau dieser modernen Gesellschaft, die sich im Takt der Uhr bewegt und über deren Herdentrieb die Einwohner eines mittelalterlichen Dorfes erstaunt den Kopf geschüttelt hätten.

Die Entdeckung der inneren Uhr

Was unsere mittelalterlichen Vorfahren ganz selbstverständlich auslebten, wurde in den 1970ern Gegenstand der Forschung. Dass Menschen einen unterschiedlichen Rhythmus besitzen, ist jedoch schon lange im Alltagswissen verankert. Ausgeprägte Morgenmenschen bezeichnet man als »Lerchen«. »Es war die Nachtigall und nicht die Lerche«, versucht Julia ihren Romeo nach ihrer ersten Liebesnacht zu beruhigen und zum Bleiben zu überreden, denn die Lerche stimmt ihr Lied erst in der Morgendämmerung an. Das andere Extrem sind die sogenannten »Eulen« oder »Nachteulen«. Sie schleppen sich morgens nur mit Mühe zur Schule, zum Studium oder zur Arbeit, sind dann aber dafür abends besser drauf. Die Eulen-Vögel sind nachtaktive Tiere, keine Vielschläfer. Es ist also völlig unsinnig, ihren menschlichen Pendants Faulheit und Undiszipliniertheit vorzuwerfen. Zudem genießen Eulen in unserer Kultur den Ruf, klug und weise zu sein. Aber auch im ostasiatischen

Myanmar schenkt man Schulanfängern zum ersten Schultag statt einer Tüte mit Leckereien ein Pärchen lackierter Eulenfiguren, auf dass sich der Kinder Wissen und Weisheit mehren mögen.

Dass Eulen jedoch nicht schwach im Charakter sind, nur weil sie es nicht schaffen, sich der sozialen Norm der frühen Aufgewecktheit anzupassen, sondern dass ihr Aufwach-Timing individuell und genetisch bedingt ist, hat sich erst in jüngster Zeit in den eher abgeschlossenen Zirkeln der Schlafforschung als Erkenntnis etabliert. Zum Allgemeinwissen zählt es leider noch lange nicht. Zwar wird zur Zeitumstellung im Sommer, wenn alle für wenige Tage und Wochen in die Lage eines von der sozialen Norm malträtierten Langschläfers versetzt werden, in den Medien immer wieder darauf aufmerksam gemacht, aber kaum ist für die Lerchen der Spuk der Startschwierigkeiten vorüber, gelten wieder die alten Regeln. Dabei ist klar, dass auch ihr Leben nach einer inneren Uhr getaktet ist – die halt jener der sozialen Regeln entspricht.

Doch was ist eigentlich eine innere Uhr? Und wie funktioniert sie?

Dass es in der Pflanzenwelt so etwas wie eine innere Uhr gibt, die unabhängig von äußeren Einflüssen das Leben taktet, hat vor knapp 300 Jahren der französische Geophysiker Jean Jacques d'Ortous de Mairan herausgefunden. Der Forscher, der Mitglied der Pariser Akademie der Wissenschaften war, hatte auf seinem Schreibtisch eine Mimose stehen, an der ihm eines Tages Folgendes auffiel: Während es draußen noch dämmerte, hatte die Pflanze bereits ihre gefiederten Blätter geschlossen – sie war quasi zu Bett gegangen. Im Rückblick erinnerte er sich, dass sie das jeden Abend in etwa zur gleichen Zeit tat und morgens mit wunderschön gefiederten Blättern den Tag begrüßte. Durch welchen Mechanismus wurde dieser Tag- und Nachtwechsel vorgegeben? Und in welchem Zusammenhang stand er mit dem Sonnenlicht? Kurz entschlossen sperrte d'Ortous de Marain die Mimose und einige ihrer Artgenossen über Nacht in einen schweren Eichenschrank und dunkelte den Raum, in dem dieser stand, vorsichtshalber auch noch mit blickdichten Samtvorhängen ab. Zu seinem Erstaunen öffneten und schlossen sich die Pflanzen trotz der völligen Dunkelheit, die sie umgab, in einem präzisen Rhythmus. Der Forscher schloss daraus, dass dieser Rhythmus nicht vom Sonnenlicht bestimmt wurde, sondern von einer Art inneren Uhr.

Auch andere Pflanzen takten ihre Existenz nach einem innerlich festgelegten Rhythmus, öffnen und schließen allerdings ihre Blüten und Blätter nicht immer zur selben Zeit. Dem schwedischen Botaniker Carl von Linné gelang es vor etwa 250 Jahren auf Grundlage dieser Beobachtung sogar, eine Blumenuhr zu entwickeln, bei der nur ein Blick in den Garten genügte, um die Uhrzeit zu erkennen. War das Gelbe Johanniskraut noch verschlossen, hatte aber die Weiße Seerose bereits ihre Blüten aufgefächert, musste es sechs Uhr sein. Machte die Rote Bibernelle dicht, war es zwei Uhr und damit Zeit für die Mittagsruhe. Öffnete die nachtaktive Nachtkerze abends ihr Blätter, war das für Linné ein Zeichen, seinen Schreibtisch aufzuräumen und den Feierabend zu genießen, da es halb sechs war.[14]

Aber nicht nur das Leben von Pflanzen wird nach einer

inneren Uhr getimt, auch andere Lebewesen richten ihr Dasein nach dem Rhythmus eines Bio-Zeitmessers aus. Die Zoologen J. J. Galbraith und Sutherland Simpson fanden Anfang des 20. Jahrhunderts heraus, dass eine vorgegebene Regulierung der Körpertemperatur das Verhalten von Affen taktet. Der US-Biologe Curt Richter stellte in den 1960ern fest, dass Ratten (auch in völliger Abgeschlossenheit von der Außenwelt und natürlichen Lichtquellen) zur immer selben Zeit aktiv werden. Maynard Johnson konnte die gleiche Beobachtung bei Mäusen machen. Und der Biologe Klaus Hoffmann entdeckte, dass Eidechsen, auch wenn sie unter künstlichen Bedingungen gehalten und niemals in ihrem Leben Tageslicht ausgesetzt werden, einen inneren Zeitmesser haben, der ihr Leben regelt.

Die Existenz einer inneren Uhr galt nach einer Vielzahl solcher Experimente im 20. Jahrhundert als wissenschaftlich gesichert. Im Jahre 1960 formierte sich sogar die erste internationale Konferenz mit dem Titel »Biological Clocks« in Cold Spring Harbor (New York), auf der sich internationale Forscher über die Existenz und die Wirkung von sogenannten chronobiologischen Rhythmen austauschten. Nur eine Frage blieb offen: Wird auch der Mensch von diesen Rhythmen gesteuert? Und wenn ja, welche biologisch nachweisbaren Abläufe steuern ihn? Gibt es ein Organ, ein Gen, ein Hormon, das sagt: Nun ist es Zeit aufzustehen bzw. ins Bett zu gehen?

Um den menschlichen Biorhythmus unabhängig von äußeren Einflüssen wie Tag, Nacht, soziale Kontakte, Phasen der Aktivität und der Ruhe, Mahlzeiten usw. als Taktgeber zu erforschen, blieb den Forschern nur dieselbe

Vorgehensweise wie bei den Tieren: Auch der Mensch musste ins Labor.

Der deutsche Physiologe Jürgen Aschoff und sein Kollege Rütger Wever waren die Ersten, die die Existenz von biologischen Rhythmen beim Menschen untersuchten. Sie schufen die in Fachkreisen berühmten Bunker im oberbayrischen Andechs. In der Nähe ihres Forschungssitzes richteten sie in einem Hügel zwei Appartements ein, die von der Außenwelt abgeschottet waren. Meterdicke Mauern sorgten dafür, dass weder Licht noch Schall von außen in das Innere des Bunkers drangen. Ein faradayscher Käfig leitete elektromagnetische Wellen ab. Massige Betonwände schützten vor Vibrationen. Ansonsten war der Bunker nur mit Mobiliar ausgestattet, das ein Gerichtsvollzieher nicht pfänden darf: Bett, Tisch, Stuhl, Schrank, und statt eines Fernsehgerätes gab es einen Heimtrainer. Eine Klimaanlage sorgte für konstant wohlige Temperaturen. Zugang gab es nur durch zwei aufeinander abgestimmte Schleusentüren, die nie zur gleichen Zeit geöffnet werden konnten, so dass die Personen, die an dem Experiment teilnahmen, durch keinerlei Einwirkungen von der Außenwelt beeinflusst werden konnten und auch Versuchsteilnehmer und Beobachter völlig voneinander abgeschirmt waren.

Jeden Tag mussten die Studienteilnehmer Tests absolvieren, Fragebögen ausfüllen, Tagebuch führen und Wunschzettel mit Bestellungen für den persönlichen Bedarf schreiben. Ein Knopf, den sie immer dann drücken mussten, wenn sie glaubten, dass eine Stunde herum war, sollte etwas über das persönliche Zeitempfinden verraten. Sie waren verpflichtet, Proben mit ihren Ausscheidungen abzugeben, in denen man den Gehalt bestimmter Spurenelemente wie Kalium oder Kalzium maß, die einen Rückschluss auf Stoffwechselrhythmen und Hormonpegel zuließen, die im Zusammenhang mit dem Wach- und Schlafwechsel stehen. Rektale Sonden maßen zudem das Ansteigen und Abfallen der Körpertemperatur, Elektrokontakte, die im Boden eingelassen waren, wie viel und ob sich die Versuchspersonen bewegten. Das Personal, das die Ausscheidungsproben abholte, war angehalten, zu unregelmäßigen Zeiten zu erscheinen, so dass die Bunkerbewohner keinerlei Rückschlüsse daraus ziehen konnten, welche Stunde gerade draußen schlug.

Es gab weder zwitschernde Vögel noch klingelnde Wecker und auch keinen Nachbarn, aus dessen Küchenfenster morgens der Duft von frischem Kaffee wehte. An- oder abschwellender Verkehrslärm blieb aus, keine 20-Uhr-Nachrichten takteten das Leben, und auch keine Einladung von Freunden ließ darauf schließen, wie viel Uhr es gerade war. Der Bunker war ein Raum, in dem die Zeit still stand.

Eine Versuchsreihe dauerte zwischen sieben Tagen und mehreren Wochen. In dieser Zeit konnten die Probanden frei entscheiden, wann sie essen und schlafen, Sport treiben oder ruhen, lesen oder schreiben wollten.

Das Ergebnis: Alle Bunkerprobanden (zwischen 1964 und 1989 nahmen insgesamt 447 Personen an 412 Versuchsreihen teil) schliefen – wie in ihrem vertrauten Leben – etwa ein Drittel des Tages und blieben zwei Drittel des Tages wach und aktiv. Lief das Experiment über mehrere Wochen, verselbständigte sich die innere Uhr irgendwann: Manche verkürzten ihren Tag auf 18 Stunden, manche verlängerten ihn auf 33 Stunden – und blieben davon zwei Drittel der Zeit wach und schliefen das restliche Drittel. Das heißt, die innere Uhr lief bei den Probanden unterschiedlich schnell. Man vermutete, dass bei denjenigen, die einen kurzen Tag erlebten, die genetische Veranlagung zum Morgentyp durchbrach, und sich umgekehrt hinter denjenigen, deren innere Uhr langsam lief, Nachtmenschen verbargen, die einfach nicht Schluss machen und ins Bett gehen konnten, weil sie noch nicht müde waren. Der Großteil der Probanden pendelte sich jedoch auf einen 25-Stunden-Rhythmus ein. Die Forscher schlossen daraus, dass dies der natürliche innere Rhythmus des Menschen sei.

Die Veranlagung zum Morgenmuffel oder Frühaufsteher scheint also angeboren und durch eine innere Uhr vorgegeben zu sein. Ein 2008 durchgeführtes Experiment an der Berliner Charité bewies, wie prägend diese für den Menschen bis in jede Zelle des Körpers hinein ist. 28 Probanden, darunter bekennende Frühaufsteher wie Langschläfer, wurden unter der Leitung des Chronobiologen Achim Kramer[15] einem Test unterzogen, bei dem anhand winziger Hautplättchen die Aktivität jener Gene gemessen wurde, die von der inneren Uhr gesteuert und mit dieser synchronisiert werden. Diese Gene funktionieren – bei Mensch wie Tier – als körpereigene Taktgeber, kontrollieren, wann welche Hormone ausgeschüttet werden, die für den Schlaf, aber auch für Stoffwechselprozesse verantwortlich sind. Diese »genetischen Uhren« wiederum werden im Normalfall vom Gehirn aus zentral gesteuert, indem dieses äußere Signale wie Lichteinfall ins Auge in innere Informationen umsetzt. Die Forscher konnten das Verhalten der Gene durch ein sogenanntes »Glühwürmchenenzym« nach außen hin sichtbar machten. Waren die genetischen Taktgeber in den Zellen aktiv, leuchteten sie, waren sie inaktiv, war kein Leuchtsignal sichtbar.

Das Ergebnis war beeindruckend: Obwohl die Proben anonymisiert waren, war klar zu erkennen, welche von einem der elf Frühaufsteher oder einem der 17 Langschläfer stammte. Denn der Licht-an-Licht-aus-Takt lief bei den sogenannten Lerchen schneller, der Tag- und Nachtrhythmus war bereits vor Ablauf von 24 Stunden beendet. Bei den Eulen hingegen tickte diese innere Uhr langsamer, bei ihnen hatte der Tag an die 25 Stunden. Das hat für ihren Alltag die Folge, dass sie sich fühlen wie jemand, dessen Uhr nachgeht – sie verspäten sich ständig. Lerchen hingegen machen abends früh schlapp, weil ihre Uhr schon abgelaufen ist, und setzen mit einem ausgedehnten Nachtschlaf zu einem Neuanfang am nächsten Tag an.

Ob Eule oder Lerche ist sozusagen Schicksal und von Geburt an festgelegt. »Der Unterschied steckt in den Genen, die Chronotypen sind angeboren«, erklärt Kramer. »Ein Spättyp kann seine innere Uhr weder durch Lichttherapie noch durch die Gabe von Melatonin so umpolen, dass aus ihm plötzlich ein Morgenmensch wird.«[16]

Doch wie funktioniert die innere Uhr? Im Bunkerexperiment gab es Testpersonen, deren Wach-Schlaf-Rhythmus insgesamt 33 Stunden einnahm, anderen reichten 18 Stunden – und dennoch pendelte sich auch ihr Rhythmus im Alltagsleben wieder auf 24 Stunden ein. Wie schaffen es also die meisten Menschen, sich zumindest grob im Gleichklang mit den sozialen Gegebenheiten der Außenwelt zu arrangieren und auf Tag und Nacht einzurichten, auch wenn sie – wie die nachtaktiven Eulen – Probleme mit der Feinabstimmung haben?

Antwort auf diese und andere Fragen rund um die innere Uhr gibt Till Roenneberg.[17] Er ist Leiter des Zentrums für Chronobiologie am Institut für Medizinische Psychologie an der Ludwig-Maximilians-Universität in München und gilt als einer der ersten und führenden Forscher auf diesem Gebiet weltweit.

Eine innere Uhr – was ist das eigentlich?
Roenneberg: »Innere Uhren repräsentieren jeweils einen der vier Zeiträume, die in der Ökologie unserer Erde vorkommen. Das sind Ebbe und Flut mit 12,5 Stunden, der Tag mit 24 Stunden, der Mondmonat mit 28,5 Tagen und das Jahr mit 365 Tagen. Welcher Zeitraum von Bedeutung ist, hängt vom Lebewesen ab. Für den Menschen sind nur der Tag-und-Nachtrhythmus und der Jahreszyklus relevant.«

Was ist die Aufgabe der inneren Uhr?
»Sie koordiniert alle biologischen Vorgänge und garantiert, dass bestimmte Abläufe in den Zellen und Organen zur richtigen Tageszeit stattfinden. Das kann sie nur, wenn sie auch ohne die äußeren Signale ungefähr im 24-Stunden-Rhythmus weitertickt. Da der innere Tag in zeitlicher Isolation nicht genau 24 Stunden lang ist, nennt man sie auch ›circadiane Uhr‹. Sie ermöglicht es, Voraussagen zu treffen und zu planen, auch wenn der Organismus keine zeitlichen Informationen

von außen bekommt, wie etwa über das Licht oder den Radiowecker. Alle Lebewesen haben im Laufe der Evolution eine circadiane Uhr entwickelt.«

Warum ist der Tag-und-Nachtrhythmus für den Menschen wichtig?
»Um das zu verstehen, muss man zurückdenken. In der Evolution sind zwei Dinge relevant: Ressourcen und Gefahren – und die sind alle auch tagesrhythmisch. Dies können bestimmte Pflanzen sein, die nur morgens ihre Blüten öffnen, oder Fressfeinde, die nur abends angreifen. Jeder Organismus kann also sein Verhalten optimieren, wenn er seinen inneren Tagesablauf mit dem Tag- und Nachtrhythmus synchronisiert, und das kann er nur, wenn er eine innere Uhr besitzt.«

Gibt es noch andere biologische Rhythmen?
»Ja, wie zum Beispiel Atem- oder Herzrhythmus – die nennt man ultradian, also kürzer als ein Tag. Oder mehrjährige Rhythmen, in denen manche Bäume blühen oder Insekten schlüpfen – die nennt man infradian. Da viele dieser Rhythmen jedoch keinem ökologischen Zeitraum entsprechen, werden sie nicht von der Chronobiologie erforscht. Dennoch gibt es kaum eine Stoffwechsel- und Körperfunktion, die nicht durch die Tagesrhythmik bestimmt wird. Auch der Blutdruck und die Körpertemperatur unterliegen der Tag-Nachtrhythmik; Letztere hat ihren Tiefpunkt in der Nacht und wiederholt ihre Periodik stur im 24-Stunden-Rhythmus. Besonders Schichtarbeiter bekommen zu

spüren, wenn der Tag-Nacht-Rhythmus und die Körpertemperatur nicht synchron sind: Nachts ist man kälter, daher friert man weniger leicht. Erst, wenn morgens die Temperatur wieder hochgeschraubt wird, fängt man bei Übermüdung an zu frieren. Ebenso folgen das An- und Abschalten von Genen, die Ausschüttung von Hormonen, der Kaliumspiegel und die Regulierung von Körperflüssigkeiten einem strengen Tagesrhythmus: Die Nieren geben insbesondere morgens Wasser ab.«

Wo befindet sich die innere Uhr?
»Die innere Uhr sitzt eigentlich in jeder Zelle unseres Körpers, sie hat jedoch ein Zentrum, das in der Medizin ›Nucleus suprachiasmaticus‹ (SCN) heißt und einige Zentimeter hinter dem Nasenrücken im Gehirn liegt – dort, wo sich die Sehnerven kreuzen. Die Master-Clock im SCN kann sich über Signale aus den Augen mit dem Licht-Dunkel-Wechsel synchronisieren und gibt ihr zeitliches Wissen an alle anderen circadianen Uhren im Körper weiter.«

Durch was wird diese innere Uhr gestellt?
»In der Wissenschaft nennt man das Signal, das den circadianen Rhythmus einstellt, Zeitgeber. Der wichtigste Zeitgeber für alle Organismen ist Licht, genaugenommen der Wechsel von Tag und Nacht – das gilt auch für die innere Uhr des Menschen. Dieses Signal wird über den Sehnerv an die dahinter liegende Master-Clock weitergeleitet. Von dort aus werden

Signale im Körper reguliert. Die Ausschüttung des Hormons Melatonin etwa plant den Einschlafzeitpunkt voraus, die Ausschüttung des Hormons Cortisol den Zeitpunkt des Aufwachens.«

Gibt es noch weitere Zeitgeber wie beispielsweise Hunger oder Körpertemperatur?
»Nein. Das haben Beobachtungen an Menschen gezeigt, die vollständig blind sind. Deren Körper würde naturgemäß jeden Impuls – regelmäßig zur Arbeit gehen, regelmäßig essen, regelmäßig sich hinlegen und nicht bewegen – verarbeiten, um sich zu synchronisieren, aber es gelingt ihnen nicht. Die innere Uhr von Blinden läuft frei. Im Mittel ist sie jeden Tag eine Stunde später dran, das heißt, sie werden alle 24 Tage zum Nachtschichtarbeiter. Nur für Sehende gibt es noch weitere Zeitgeber. Aber diese wirken alle indirekt auch über Licht. Wenn ich zum Beispiel jeden Abend um 22 Uhr das Licht lösche und es jeden Morgen um acht Uhr wieder anknipse, um zur Arbeit zu gehen, dann sind das zwar soziale Faktoren, aber sie funktionieren letztlich über das Licht.«

Tickt die innere Uhr bei allen Menschen gleich?
»Wer gesund ist, dem gelingt es, seinen persönlichen Rhythmus mit der 24-Stunden-Periodik zu synchronisieren. Allerdings gibt es große Unterschiede, wann sich die innere Uhr eines Individuums in den Tag-Nacht-Rhythmus ›einbettet‹. Man kann das gut an den Zeiten des Einschlafens und Aufwachens erkennen,

wenn diese nicht durch Wecker oder andere soziale Verpflichtungen bestimmt werden: Es gibt Menschen, die freiwillig früh aufstehen und das ganz normal finden – die Frühtypen –, und es gibt Menschen, deren innere Uhr zwar auch im 24-Stunden-Rhythmus tickt, aber später dran ist, so dass sie länger aufbleiben und in den Tag hinein schlafen können – die Spättypen. Extreme Spättypen gehen dann zu Bett, wenn extreme Frühtypen bereits aufstehen. Die meisten Menschen gehen ohne soziale Verpflichtungen zwischen Mitternacht und ein Uhr ins Bett und stehen zwischen acht und neun Uhr auf. Die Verteilung dieser Chronotypen in der Gesamtbevölkerung ähnelt einer sogenannten Glockenkurve, mit einer Tendenz zum Spättypen.«

Aber das Licht ist ja für alle gleich. Wieso gibt es dann Frühtypen und Spättypen?
»Da die innere Uhr und ihre genauen Eigenschaften von vielen Genen abhängen, tickt sie bei jedem ein wenig anders. Wenn man Frühtypen in eine Bunker-Isolation versetzt, laufen deren innere Uhren schneller als die von Spättypen. Im richtigen Leben müssen sie aber alle genau 24 Stunden laufen. Diese Synchronisation kann nur das Licht erreichen, wobei Morgenlicht die innere Uhr vorstellt, während sie vom Abendlicht auf ›später‹ gestellt wird. Um ihre ohnehin schnelle innere Uhr nicht auf einen noch früheren Aufwachpunkt einzustellen, müssen die Menschen mit schnellen inneren Uhren morgens früh aufstehen, damit sie noch Dunkelheit in ihren inneren Morgen bekommen und dafür abends

mehr Licht abkriegen. Das sind dann die Frühtypen. Menschen mit langsamen inneren Uhren müssen genau das Gegenteil machen, um einen genauen 24-Stunden-Rhythmus zu erreichen. Das sind dann die Spättypen.«

Das erklärt noch nicht, warum es überhaupt verschiedene Chronotypen gibt.
»Das ist wie bei allen anderen genetischen Eigenschaften: Keiner gleicht dem anderen. Es ist ein Gesetz der Evolution, sich auf alle möglichen Eventualitäten einzurichten. Es gibt große und kleine Menschen, weil jeder von ihnen in bestimmten Situationen einen Vorteil hat.«

Worin bestehen die Vorteile eines Spättypen in einer Welt, in denen die Kernarbeitszeiten zwischen 8 und 16 Uhr liegen und in der eine Moral regiert, die den frühen Vogel huldigt?
»Er hält länger durch, weil sich sein Schlafdruck langsamer aufbaut. Wir glauben, dass das auch der Grund ist, warum besonders Jugendliche zum Spättypus tendieren. Man braucht in dieser Lebensphase besonders viel Durchhaltevermögen. Das mag auch seine Ursache im Zusammenleben mit der Sippe haben, als man nachts auf Jagd ging und sich junge Menschen durch Jagdglück einen Vorteil verschaffen konnten. Die extremen Spättypen haben oft große Schwierigkeiten, morgens rechtzeitig wach zu werden. Sie gelten als faul, aber künstlerisch. Die extremen Früh-typen werden am Abend früh müde und können am

sozialen Leben nicht mehr teilnehmen. Sie gelten als langweilige Pedanten. Beides ist nicht richtig, es sind einfach nur verschiedene Zeittypen. Spättypen werden an Arbeitstagen morgens durch den Wecker geweckt, ihre innere Uhr lässt sie aber abends nicht früh genug einschlafen, um ausreichend Schlaf zu bekommen. Frühtypen werden vor allem an Abenden vor freien Tagen durch die Spättypen in unserer Gesellschaft am Einschlafen gehindert, werden dann aber morgens durch ihre innere Uhr geweckt und bekommen so auch oft zuwenig Schlaf.«

Welche Nachteile hat ein Leben gegen die innere Uhr?
»Frühtypen haben mit den traditionellen sozialen Zeiten des Alltags, etwa dem Arbeitsbeginn, weniger Probleme als Spättypen. Die Frage aber ist: Sind wir nicht alle aus dem Takt? In einer globalen Gesellschaft stören wir immer häufiger die optimale Übereinstimmung zwischen Innen- und Außenzeit. Nehmen wir die Fernflüge über mehrere Zeitzonen hinweg – sie verursachen Jetlag. Oder die Schichtarbeiter: 20 Prozent der arbeitenden Bevölkerung sind davon betroffen. Ihre innere Uhr und die äußeren Bedingungen sind völlig entkoppelt. Eine fehlerhafte Synchronisation führt dazu, dass die zeitlichen Abläufe des Körpers permanent nicht mit dem sozial bestimmten Verhalten übereinstimmen. Sie leiden unter chronischem Schlafmangel. Das kann dick machen, zu Magenerkrankungen, Diabetes und Depressionen führen. Und es kann Krebserkrankungen Vorschub leisten.«

Geht es Spättypen nicht genauso wie Schichtarbeitern?

»Ja, 60 Prozent der Bevölkerung leidet unter einem chronischen Schlafmangel, weil die Arbeitszeiten verlangen, dass sie früher aufstehen müssen, als ihre innere Uhr es vorgibt. Das macht sie auf die Dauer krank und beeinträchtigt ihre Leistungsfähigkeit. Ihnen wird das Ende des Schlafes weggenommen, das gerade wichtig für die Gedächtnisleistung ist. Spättypen sind erst am späten Vormittag richtig fit. Deshalb gelten sie als träge und faul. Aber das sind sie nicht. Es ist nur ihr genetischer Takt, der ihnen diese Zeiten vorgibt. Man sollte deshalb mehr Flexibilität bei den Arbeitszeiten zulassen. Denn wenn ein Arbeitgeber sagt: ›Ich komme lieber von 10 bis 18 Uhr statt von 8 bis 16 Uhr‹, dann sagt er nichts anderes als: ›Chef oder Chefin, ich gebe dir meine beste Zeit!‹ Darüber sollten Arbeitgeber nachdenken.«

Wieso ist der Anteil der Spättypen an der Gesamtbevölkerung so hoch?

»Wir sind zu wenig unter freiem Himmel und arbeiten zu viel in geschlossenen Räumen, und die Nächte machen wir mit elektrischem Licht hell. Selbst gut ausgeleuchtete Zimmer mit großen Fenstern haben ein bis zu 1000 Mal schwächeres Licht als Tageslicht. Der Zeitgeber Licht wird also immer schwächer, damit verlangsamt sich die innere Uhr, sie verstellt sich auf »später«. Das Problem ist, dass unsere sozialen Zeiten noch so gestaltet sind wie zu vorindustriellen Zeiten. Es kommt vermehrt zu sozialem Jetlag.«

Was ist ein sozialer Jetlag?

»Je weniger unsere Innenzeit mit der sozialen Außenzeit übereinstimmt, desto größer ist unser sozialer Jetlag. Das führt zu chronischem Schlafdefizit, das nur teilweise am Wochenende nachgeholt werden kann. Sozialer Jetlag entspricht vom Stressfaktor her einem Interkontinentalflug von Europa nach Amerika, zu dem man freitags abhebt und von dem man montags wieder zurückkehrt. Und das einmal pro Woche. Das bleibt nicht ohne gesundheitliche Konsequenzen.«

Kann man die innere Uhr stellen?

»Spättypen können ihre innere Uhr etwas mehr nach vorne stellen, indem sie gleich am Morgen nach draußen gehen und Licht tanken. Man kann etwa statt mit dem Auto mit dem Fahrrad zur Arbeit fahren oder ein Stück laufen. Abends dagegen sollten sie Licht meiden. Wer sich etwa im Sommer im Freien aufhält, setzt am besten eine Sonnenbrille auf. Wie gesagt: Licht am Morgen beschleunigt die innere Uhr, Licht am Abend verlangsamt sie. Da diese ›Lichttherapie‹ aber aus Spättypen keine Frühtypen macht und oft schwer durchzuhalten ist, ist eine Flexibilisierung der Arbeitszeiten viel effektiver. Eine Gesellschaft, die 24 Stunden am Tag an sieben Tagen der Woche funktionieren muss, aber immer noch in seiner Moral den Frühtypen fördert und favorisiert, ist schizophren. Denn von Arbeitszeiten, die individuell eingestellt sind, profitiert nicht nur der Arbeitnehmer, sondern auch der Arbeitgeber. Seine Angestellten sind zufriedener, kommen lieber zur Arbeit, fehlen nicht so oft krankheitsbedingt und sind insgesamt produktiver. Es gibt quasi nichts, was gegen diese Argumente spricht.«

Sie sind nicht allein!

Ob morgens munter oder Muffel – der Mensch tendiert mehr oder weniger stark in eine Richtung, was natürlich auch von den sozialen Zeiten abhängt. Läge der Arbeitsbeginn in vielen Firmen auf sieben Uhr morgens (wie etwa im äquatornahen Indonesien üblich), kämen auch mitteleuropäische Normallerchen in Schwierigkeiten, denn das könnte (bei unregelmäßiger Verkehrsanbindung und anderen Unwägbarkeiten) heißen, um fünf Uhr früh aufzustehen. Soviel freiwillige Aufgewecktheit aber ist auch in unseren Breitengraden eher selten. Denn im Schnitt benötigt der Mensch hierzulande acht Stunden Schlaf, um sich beim Aufstehen wach zu fühlen. Er schließt in der Regel eine Viertelstunde nach Mitternacht die Augen und wacht um 8.15 Uhr morgens auf. Dieser Typus könnte auch als Normtypus bezeichnet werden.

Till Roenneberg leitete die am breitflächigsten angelegte Studie zu Chronotypen weltweit. Mittels eines Fragebogens, den er mit seiner Münchener Kollegin Martha Merrow und der Baseler Schlafforscherin Anna Wirtz-Justice entwickelt hat, hat er die Antworten von etwa 50 000 freiwilligen Teilnehmern ausgewertet – und fasst zusammen: Durch die Welt der Schläfer zieht sich keineswegs ein unüberbrückbarer Graben zwischen Eulen und Lerchen. »Die Verteilung der Chronotypen ist ähnlich wie die Verteilung der Körpergrößen in der Bevölkerung. Es gibt sehr wenige extrem kleine oder extrem große Menschen, während die meisten Menschen in der Mitte der Verteilung liegen.«[18]

Um diese Verteilung genau zu ermitteln, war es erst einmal nötig, das Schlafverhalten der Einzelnen entsprechend zu kategorisieren. Roenneberg erläutert: »Lassen Sie uns drei Beispiele betrachten. Person A schläft von 22 bis 6 Uhr, Person B von 22 bis 8 Uhr und Person C von Mitternacht bis 6 Uhr. Wenn die Schlafzeit durch den Schlafbeginn definiert würde, wären A und B der gleiche Typ, würde sie dagegen über das Schlafende definiert, fielen A und C in die gleiche Kategorie.«[19] Die Problematik, die richtigen Schubladen für die einzelnen Schlaftypen zu finden, beruht darauf, dass Schlaf eben nicht nur von der Schlafzeit abhängt, sondern auch von der Schlafdauer, und darin unterscheiden sich die drei Typen: A schläft acht, B zehn und C nur sechs Stunden. Aus diesem Grund haben Roenneberg und sein Team die Kategorie der Schlafmitte definiert. Mit diesem Fixpunkt lassen sich die unterschiedlichen chronobiologischen Typen am besten bestimmen. Ein Beispiel: Die Schlafmitte einer Durchschnittslerche, die um 22 Uhr zu Bett geht und um 6 Uhr aufsteht, liegt bei 2 Uhr. Dieser Wert kommt zustande, indem man die Schlafdauer (in diesem Fall: acht Stunden) halbiert (vier Stunden) und zum Zeitpunkt des Einschlafens hinzuaddiert (22 Uhr plus 4 Stunden = 2 Uhr). Bei einer Durchschnittseule, die um 1 Uhr ins Bett geht und acht Stunden später um 9 Uhr aufsteht, läge nach gleicher Formel die Schlafmitte bei 5 Uhr. Mit diesem Schema lassen sich aber auch Kurzschläfer einordnen. Geht jemand beispielsweise um Mitternacht zu Bett und steht um 6 Uhr auf, dann liegt seine Schlafmitte bei 3 Uhr. (Ausschlaggebend war natürlich das Schlafverhalten an freien Tagen, an denen die Testpersonen so lange oder so kurz schlafen konnten, wie sie wollten.)

Das Ergebnis: Die wenigsten, die morgens nur schwer aus dem Bett kommen, sind außergewöhnliche Langschläfer – denn für Roenneberg gelten als Spättypen erst diejenigen, die bis 9.30 Uhr schlafen. Normaltypen schlafen zwischen Mitternacht und eins ein und wachen acht Stunden später wieder auf. Hardcore-Langschläfer stehen erst um 13 Uhr auf, sind dafür aber auch erst um 5 Uhr zu Bett gegangen – wenn Extremlerchen bereits aus dem Bett springen und ihre morgendliche Routine erledigen – wahrscheinlich sogar ohne Kaffee.

Während ein Frühaufsteher ungefähr zwischen 9 Uhr morgens und 12 Uhr mittags die beste Zeit hat, um sich zu konzentrieren und schwere Aufgaben zu bewältigen, wissen Langschläfer grob gesagt zu diesem Zeitpunkt gerade einmal, wie sie heißen und wo sie wohnen. Ihre Konzentrations- und Leistungsfähigkeit muss erst noch warmlaufen, denn ihre hohe Zeit ist am Nachmittag gegen 15 Uhr – also dann, wenn die Frühaufsteher bereits rapide abbauen und oft versuchen, sich mit Kaffee und Schokoriegeln zu dopen. Ihr Schlafdruck steigt, und sie sehnen sich dem Feierabend entgegen. Eulen dagegen tauen auf und können den Nachmittag nutzen, um Dinge, für die ihnen morgens der Antrieb fehlte, leichter und mit Schwung zu erledigen. Es ist ihre persönliche Primetime. Und während bei Lerchen nach der *Tagesschau* der Anstieg des Melatoninpegels signalisiert, sich bettfein zu machen, haben Eulen noch ein paar Stunden Zeit für Freunde und Feste, bis ihnen ihr Körper ebenfalls durch ein Absinken der Körpertemperatur und eine Ausschüttung des Hormons Melatonin zu erkennen gibt, dass es Zeit ist, sich schlafen zu legen …

Was bedeuten diese Erkenntnisse für eine Gesellschaft, die dem Frühtyp Vorteile verschafft und den Spätaufsteher in die Knie zwingt? Denn wenn es stimmt, dass der Normaltypus laut Roenneberg erst um acht Uhr aufsteht, und es darüber hinaus eine leichte Ausrichtung hin zum Eulentum gibt, dann beruht die soziale Organisation unserer Gesellschaft schlichtweg auf den Bedürfnissen einer Minderheit, die bereits morgens um acht fit für die Welt ist und mühelos um sechs Uhr aufstehen kann. Bei wenigstens 60 Prozent der Bevölkerung hingegen baut sich im Laufe der Woche ein Schlafdefizit auf, das erst – wenn überhaupt – am Wochenende ausgeglichen werden kann, und es hilft weder Kaffee noch der Versuch, früh zu Bett zu gehen – der ohnehin scheitern muss, weil Langschläfer einfach nicht früh müde werden. Bei 42 Prozent wächst sich dieser Mangel an Regeneration zu zermürbenden Schlafstörungen aus, bei 15 Prozent der Bevölkerung sind diese sogar behandlungsbedürftig – mit zunehmender Tendenz: Nach einer Studie der Deutschen Angestellten-Krankenkasse (DAK) litten im Jahr 2009 60 Prozent mehr Menschen an zermürbender Schlaflosigkeit als noch vier Jahre zuvor – nicht nur, aber eben auch wegen des sozialen Jetlags. Erhebungen in Taiwan, Großbritannien und den USA bestätigen diesen Trend. In Österreich kam eine Umfrage der Gesellschaft für Schlafmedizin und Schlafforschung unter der Leitung der Neurologin Birgit Högl zu dem erschreckenden Ergebnis: Nur eine von fünf Personen schläft ungestört. In den 90er Jahren konnten das noch drei von vier Personen von sich behaupten. Vor allem die 35- bis 55-Jährigen plagt die Insomnia – und damit ausgerechnet jene, die mitten im Berufsleben stehen. Roenneberg warnt: »Wir konnten zeigen, dass der Konflikt zwischen der biologischen Uhr und der gesellschaftlichen Zeit zu einer chronischen Form von Jetlag führt«.[20]

Was das heißt, wenn man aufgrund seiner angeborenen Veranlagung einem permanenten Schlafdefizit ausgesetzt ist, kann jeder nachvollziehen, der schon einmal einen Langstreckenflug über mehrere Zeitzonen hinweg hinter sich gebracht hat. Man ist müde, schlapp, unkonzentriert, einfach nicht bereit für die Anforderungen des Lebens. Doch während sich beim Fernreisenden die innere Uhr und die äußeren Zeitgeber – wie Licht – langsam wieder aufeinander abstimmen, bleibt der Langschläfer dauerhaft in diesem unerquicklichen Zustand. Die äußeren Gegebenheiten lassen ihm keinen Ausweg.

Besonders betroffen von dieser chronischen Übermüdung sind Schülerinnen und Schüler, deren Schlafmitte sich entwicklungsbedingt in den Morgen hinein verschiebt. Dass sich das Schlafbedürfnis im Laufe des Lebens ändert, zeigt sich, wenn man die einzelnen Lebensphasen unter diesem Aspekt betrachtet: Kleinkinder stehen tendenziell sehr früh auf. Spätestens mit Beginn der Pubertät entwickeln sich die Menschen jedoch zu Eulen. Bei jungen Männern hält diese Entwicklungsphase bis zum 21. Lebensjahr an, bei jungen Frauen bis zum 20. Lebensjahr – danach entwickelt der

Mensch allmählich eine vorverlegte Tagesrhythmik. Von Jahr zu Jahr klingelt der innere Wecker quasi jeweils wenige Sekunden früher. Mit den Jahren werden es Minuten, vielleicht sogar eine Stunde. Bis zum 52. Lebensjahr ist der kleine chronobiologische Unterschied zwischen den Geschlechtern wieder aufgehoben. Im Seniorenalter spricht man von seniler Bettflucht. Da werden alle zu Lerchen.

Bezogen auf den Schulbeginn heißt das: Für Zehnjährige ist ein Schulbeginn von acht Uhr noch in Ordnung. Aber sobald die Kinder in die Pubertät kommen, verlangsamt sich ihre innere Uhr. Das heißt, sie werden abends einfach nicht müde und kommen am nächsten Morgen nur schwer aus den Federn. Ihre Leistungsfähigkeit ist morgens auf dem Nullpunkt, und die ersten zwei Schulstunden sind eigentlich verschenkte Mühe. Denn den Schülern fehlt das letzte Stück Schlaf, das ihre Denkleistung und Konzentrationsfähigkeit auf Trab gebracht hätte. Manche sind so schwer aus ihrem Ruhebedürfnis herausgerissen, dass ihnen im Unterricht die Augen zufallen. Lehrer glauben, die Jugendlichen müssten einfach nur früher zu Bett gehen, dann könnten sie dem Unterricht besser folgen. Aber auch diese Wahrnehmung scheint ihre Ursachen in der Lebensentwicklung zu haben: Denn Lehrer sind bereits wieder im Lerchentum angekommen und schließen von sich auf andere.

Mary Carskadon war die Erste, die bewies, dass die in den Morgen verschobene Schlafmitte bei Jugendlichen nicht sozial (»Wir haben gestern noch bis drei Uhr Party gemacht!«), sondern biologisch bedingt ist. Die Schlafforscherin schickte Jugendliche statt in die Schule ins Schlaflabor und stellte fest, dass diese, sobald es ihnen erlaubt war, sofort in einen REM-Schlaf fallen[21] – sie holten also den fehlenden Schlaf nach. Chronobiologe Roenneberg erläutert, dass dieses Phänomen eigentlich bei Patienten mit einer Narkolepsie – einer schweren Schlafstörung – auftritt, aber eben auch bei gesunden Menschen, die unter permanentem Schlafentzug leiden: »Sobald man sie lässt, schlafen Jugendliche zu dieser morgendlichen Stunde auf der Stelle ein und fallen dabei unmittelbar in den REM-Schlaf.«[22] Die Versuchspersonen schliefen also, obwohl sie schon aufgestanden waren, körperlich weiter.

Was Eulen plagt

Die Entkopplung von individuellem Schlafbedürfnis und gesellschaftlichen Anforderungen, der »soziale Jetlag«, kann schwere gesundheitliche Schäden nach sich ziehen. Was bedeutet das für eine Eule konkret?

Dicke Eulen

Das individuelle Timing von Schlaf- und Wachbedürfnis regelt der Hypothalamus, eine Schaltstelle im Zwischenhirn, die dort sitzt, wo sich die Sehnerven kreuzen. Fällt Tageslicht auf die Netzhaut der Augen, wird dies in Form elektrischer Impulse an die innere Uhr weitergeleitet. Diese wiederum taktet mittels chemischer Signale das in jeder Zelle dafür empfängliche Gen: Zwei Eiweißstoffe vermehren sich bei Lichteinwirkung und signalisieren dem Uhren-Gen: »Licht – aufwachen – aufstehen!« Bleibt das Lichtsignal aus, zerfallen die Eiweißstoffe. Für den Körper heißt das: »Licht aus und ab ins Bett!«

Die innere Uhr bestimmt aber nicht nur, wann man aufsteht und wann man sich hinlegt, sondern auch, wann und wie viel gegessen wird. Mehrere Experimente und Untersuchungen belegen, dass der Appetit wächst, wenn unser Bio-Timer aus dem Takt gerät – und folglich wächst auch das Hüftengold.

Die Chronobiologin Katja Vanselow vom Institut für Medizinische Immunologie der Berliner Charité hat in einem Experiment am sogenannten »Clock«-Gen von Mäusen gedreht und deren Tagesrhythmus auf 28 Stunden ausgedehnt.[23] Die Übereinstimmung mit den natürlichen Tag- und Nachtrhythmen, auf die die Schaltstelle im Hirn reagiert, war nicht mehr gegeben. Die nachtaktiven Nager waren nun auch bei Tage gut drauf, fraßen aber gleichzeitig mehr. Alle Versuchstiere nahmen zu, einige wurden sogar richtig fett. Ein ähnliches Experiment an Schafen bestätigt diesen Befund: Zwingt man die Tiere, gegen ihren natürlichen Rhythmus zu leben, nehmen sie zu – auch wenn sie nicht mehr essen als vorher. Der Grund: Die Eiweißstoffe, die sich bei Lichteinwirkung vermehren, bauen sich nicht ausreichend ab und zirkulieren weiterhin in den Zellen. Und die Nahrung wird nicht verarbeitet, sondern lagert sich ein.

Falsches Timing und ein daraus resultierendes Schlafdefizit könnten also erklären, warum Menschen, die gegen ihren genetisch vorgegebenen Rhythmus leben, die Neigung haben, an Gewicht zuzulegen. Die schwedische Ernährungswissenschaftlerin Maria Lennernäs vom Institut für Klinische Ernährung und Stoffwechsel an der Universität

Uppsala hat diesen Zusammenhang anhand von 96 Industriearbeitern, die in einem Drei-Schichten-System arbeiteten, erforscht.[24] Die Versuchspersonen mussten den Konsum von Kaffee, Tee und 14 anderen Nahrungsmitteln wie Brot, Fleisch, Gemüse etc. über mehrere Wochen hinweg mit Uhrzeitangabe protokollieren. Die entscheidende Erkenntnis war, dass gerade in den unliebsamen Morgen- und Nachtschichten die Arbeiter Nahrungsmittel mit einem hohen Anteil an Kohlehydraten wählten, also zum Beispiel Brot und Kuchen, vermutlich weil sie versuchten, mit den energiereichen Nahrungsmitteln gegen ihre Müdigkeit anzukämpfen. Da der Körper aber noch im »Schlaf-Modus« war, konnte er die Nahrung nicht richtig verarbeiten. Die logische Folge: Die unausgeglichene Bilanz zwischen Nahrungsaufnahme und tatsächlichem Energieverbrauch führt auf Dauer zu einer bemerkbaren Zunahme des Gewichts.

Schichtarbeit macht also dick, weil die Betroffenen gezwungen sind, gegen ihre biologische Uhr zu leben. Das trifft auch auf Menschen zu, die durch einen zu frühen Arbeitsbeginn aus dem Takt geworfen werden. Viele Langschläfer frühstücken, um gegen ihre Müdigkeit anzukämpfen, schon auf dem Weg zur Arbeit fettige Croissants und süße Teilchen, obwohl sie gar keinen Hunger haben. Warum sollten sie auch hungrig sein, wenn nach ihrem persönlichen Timing eine Aufstehzeit um sechs Uhr morgens eigentlich mitten in der Nacht ist und sie sich noch in einer REM-Phase befinden? Nur der Wunsch, sich die Tatkraft, die durch den permanenten Schlafmangel geraubt wird, zurückzuholen, lässt den Langschläfer zu hochkalorischen Snacks greifen.

Die Formel *Dauerhaft zu wenig Schlaf = zu viel Gewicht* wird durch die Befunde des Teams um Robert Daniel Vorona bestätigt, der an der Eastern Virgina Medical School im Nordosten der USA arbeitet.[25] Er fand heraus, dass, je weniger die Menschen schlafen, sie desto mehr unnötige Kilo mit sich herumschleppen. Der Grund ist eine mangelnde Produktion des körpereigenen Appetitzüglers Lepthin; dieser Mangel trat dann auf, wenn die Versuchspersonen nur ca. vier Stunden pro Nacht schliefen. Sein Gegenspieler Ghrelin, das dem Hirn Hunger und damit den Wunsch nach Nahrungsaufnahme signalisiert, wird hingegen bei Schlafmangel vermehrt ausgeschüttet und liefert das biochemische Signal für Heißhunger auf möglichst nährstoffreiche Lebensmittel.

Kranke Eulen

Wer – ob nun als Schichtarbeiter oder als in den Arbeitszeitrhythmus von 8 bis 16 Uhr gezwungener Langschläfer – auf Dauer gegen sein biologisches Timing lebt, sieht sich also der Gefahr ausgesetzt, ständig gegen Hüftspeck und Fettringe ankämpfen zu müssen – auch wenn er wenig isst. Der Stress macht auf Dauer aber nicht nur dick, sondern ist auch mit diversen Krankheiten verbunden. Manche werden dabei direkt durch Übergewicht verursacht, aber man muss nicht gleich adipös sein, also einen Body-Mass-Index von über 27 auf die Waage bringen, um sich für Krankheiten wie Diabetes mellitus Typ 2, Herz-Kreislaufbeschwerden, Bluthochdruck, Kurzatmigkeit, Arthrose, Gicht, Thrombose und Embolie-Gefahr zu empfehlen und sein persönliches Risiko, an Krebs zu erkranken, zu erhöhen. Denn nicht nur das zu hohe Gewicht an sich tut seinen Teil dazu, an diesen Beschwerden zu erkranken, sondern auch ein Leben, das von Schlafmangel geprägt ist.

Hinzu kommt, dass Langschläfer oder Spättypen nicht nur genetisch bedingte Schlaf-, sondern auch genetisch bedingte Essenspräferenzen haben, die sie besonders dann in Schwierigkeiten bringen, wenn sie die Übermüdung, die sie ständig begleitet, durch einen kohlehydratebasierten Energieschub auszugleichen versuchen. Es gibt durchaus Menschen, die Kuchen, Pizza und Schokolade essen können, ohne gesundheitliche Schäden davonzutragen oder zuzulegen – die Eulen zählen leider meist nicht dazu. Bei ihnen stimmt eher der häufig bemühte Satz, dass sie ein Stück Torte nur ansehen müssen, um zuzunehmen. Denn auch wenn sie sich in selbstauferlegter Askese alle Ernährungssünden untersagen und ihren Speiseplan voll und ganz nach den neuesten ernährungswissenschaftlichen Erkenntnissen ausrichten und sich Kohlehydrate nur in Form von Vollkornprodukten einverleiben, wird das wenig nutzen. Kohlehydrate – auch »gute« – setzen dem Nachtmenschen zu und sich auf seinen Hüften fest. Denn er ist von seiner biologischen Disposition her eher ein Fleischesser: Er verträgt und verdaut eiweißhaltige Kost besser als Kohlehydrate. Die Tendenz seiner entwicklungsgeschichtlichen Veranlagung macht ihn empfänglich für folgende Erfahrung: Gönnt sich der Langschläfer nur für ein paar Wochen mehr Eiweißkost als gewöhnlich, verliert er nicht nur seine Frustkilos, sondern fühlt sich auch insgesamt fitter. Eiweiß muss jedoch heutzutage, anders als in der Zeit der Jäger und Sammler, als sich diese Disposition herausgebildet hat, nicht zwangsläufig Fleisch bedeuten. Der Bedarf an Eiweiß kann auch durch Soja-Produkte wie Tofu gedeckt werden. Nach den Ernährungsberatern Johanna Paungger und Thomas Poppe werden sogenannte Alpha-Typen (mit denen in ihrer Kategorisierung auch die Langschläfer assoziiert werden) durch Brot, Kuchen, Nudeln und Zucker geradezu geschädigt. Man nimmt dadurch nicht nur zu, sondern diese Nahrungsmittel greifen auch das Immunsystem an. Einzig eine konsequente Abkehr von diesen Lebensmitteln schafft eine Verbesserung des Lebensgefühls.[26]

Die Ursachen für den Zusammenhang zwischen Nacht-menschen und Eiweißkost sind in der Entwicklungsge-schichte der Menschen vom Jäger und Sammler zum Acker-bauern und Viehzüchter zu sehen sowie in der biologisch nicht vollständig gelungenen Anpassung des Verdauungs-apparates und der Lebensweise des Urmenschen an die neuen (weniger beschwerlichen) Maßnahmen zur Nah-rungsbeschaffung. Der Internist und Ernährungsmediziner Detlef Pape und seine Koautoren erklären: »Die Nomaden waren in körperlicher Hinsicht und von der genetischen Ausstattung her perfekt an die damaligen Umstände und die Schwankungen bei der Nährstoff-Versorgung angepasst. Doch sobald es den Nomaden gut ging und die umherzie-henden Gruppen anwuchsen, gab es mehr und mehr Prob-leme mit dem stark schwankenden Nahrungsangebot, das ja immens vom Jagdglück abhängig war. Da der Mensch aber eine besonders lernfähige Spezies ist, entdeckte er die neue Methode, die seine Lebensweise revolutionieren soll-te: Er lernte, dass das ganze Jahr über immer genug Nah-rung zur Verfügung stehen konnte, wenn er Getreidesamen sammelte und gezielt aussäte. Die Ernte wurde bevorratet, so dass die Gruppe auch bei glückloser Jagd oder im Winter keinen Hunger leiden musste. So wurde der Nomade zum Ackerbauern.«[27]

Doch mit dieser Entwicklung geht sowohl eine Veränderung des Verdauungsapparates als auch des chronobiologischen Typus einher: Der Nomade aus der letzten Eiszeit vor 30 000 Jahren war darauf angewiesen, seinem Essen bis zu 30 Kilometer täglich nachzulaufen und es in kräftezehrenden Kämpfen zu erlegen. Seine Nahrungsverarbeitungsmechanismen waren wegen des unregelmäßigen Jagdglücks darauf ausgelegt, Fettdepots einzurichten, von denen bei Hunger und Nahrungsnot gezehrt werden konnte. Der Ackerbauer und Viehzüchter musste keine weiten Wege zurücklegen. Sein Körper richtete sich im Laufe der Jahrtausende auf die neue komfortable Lage ein, Haustiere schlachten oder Getreide ernten zu können. Er passte sich den Gegebenheiten an, indem er weniger Fettdepots einlagerte. Dafür aber brauchte er mehrere kleinere Mahlzeiten am Tag. Ebenso veränderte sich der chronobiologische Rhythmus des Ackerbauern: Weil seine Ernährung gesichert war, konnte er die Nacht durchschlafen. Der Nomade hingegen war oftmals auf die taktische Raffinesse angewiesen, das Wild im vermeintlichen Schutz der Nacht zu erspähen, zu überlisten und schließlich zu erlegen. Er war ein klassischer Spättyp.

Auch wenn wir nicht mehr auf die Jagd gehen und die Mehrheit der Menschen hierzulande nicht mehr auf dem Feld, sondern am Schreibtisch und vor dem Computer arbeitet, bleibt der Zusammenhang zwischen Chronotypus und Ernährung bestehen: Die Urahnen der Frühaufsteher sind die Ackerbauern. Ihr Ernährungsapparat ist auf kleinere, kohlehydratreiche Mahlzeiten eingestellt: »Die Bauchspeicheldrüse reagiert unempfindlich mit einer niedrigen Insulin-Antwort auf eine Kohlehydratmahlzeit.«[28] Die Fettspeicherung ist niedrig, der Ackerbautyp bleibt schlank. Die ernährungsgeschichtlichen Vorfahren des Spättyps hingegen sind die nachtaktiven Nomaden, deren Verdauung auf den Verzehr großer Mengen Fleisch ausgerichtet ist. Kohlehydratreiche Nahrung wie ein Teller Nudeln oder eine Pizza führt zu einer hohen Ausschüttung des Hormons Insulin und zu einer Speicherung der gewonnenen Energie – kurz: er wird fett.

Und noch eine Gefahr droht dem modernen Langschläfer: Versucht er sein durch die gesellschaftlichen Umstände verursachtes Schlafdefizit und den damit einhergehenden Energiemangel mit schnellen Schokosnacks auszugleichen, gerät er in einen bizarren Teufelskreis. Weil er Zucker bzw. Kohlehydrate nicht verträgt, reagiert sein Körper darauf mit Müdigkeit. Dieser wiederum versucht er mit weiteren kohlehydratreichen Zwischenmahlzeiten zu begegnen.

Aber auch ein anderes gesundheitsschädigendes Verhalten kommt oft zum Tragen, wenn bei Menschen die innere Uhr und die sozialen Anforderungen nicht im Gleichklang sind. Maria Lennernäs' Studie zum Essverhalten von 96 Industriearbeitern, die in Schichten zu arbeiten gezwungen waren, erfasste auch den Konsum sogenannter Genussgifte wie Nikotin und Kaffee – mit erschreckendem Ergebnis. Alle Arbeiter waren starke Raucher, für die es üblich war, bis zu zwei Schachteln Zigaretten am Tag zu rauchen. Zudem tranken alle weitaus mehr Kaffee als die von Ernährungswissenschaftlern empfohlene Menge von fünf Tassen pro Tag. Auffällig war auch ihr erhöhter Alkoholkonsum in der Freizeit. Vergleiche mit Arbeitergruppen, die nicht im Schichtdienst arbeiteten und deren Rhythmus folglich nicht durch äußere Anforderungen aus dem Takt gebracht war, zeigten, wie signifikant das Verhalten der untersuchten Industriearbeiter abwich, denn bei jenen entsprach die Anzahl von Rauchern und Kaffeetrinkern der Normalverteilung.

Zu ähnlichen Ergebnissen kommt Till Roenneberg in seinen Untersuchungen. »Je stärker der soziale Jetlag, desto mehr greifen Individuen nach Stimulanzien. Desto häufiger sind sie auch Raucher.«[29] Der Grund für den Griff zur Zigarette oder zur Flasche mag nicht nur in dem Versuch liegen, der Müdigkeit durch die Aufnahme von Wachmachern entgegenzuwirken, sondern hängt auch mit dem Auseinanderdriften von innerer Uhr und äußeren Bedingungen zusammen. »Nikotin-, aber auch Alkoholgenuss deuten oft auf Schwierigkeiten hin, mit sozialen Anforderungen fertig zu werden,«[30] resümiert Roenneberg. Besonders ins Gewicht fällt dieser fatale Mechanismus bei Jugendlichen. Da diese auf Grund ihres Entwicklungsstadiums zu einem Leben im sozialen Jetlag gezwungen sind, wird auch hier signifikant häufig versucht, diesem durch Genussgifte entgegenzuwirken. Mit oftmals unabwendbaren Folgen: Nicht nur, dass besonders in dieser Entwicklungsphase ein gesunder Lebenswandel den Grundstein für eine stabile Gesundheit legt, gerade im Jugendalter ist die Gefahr, eine Karriere als lebenslanger Raucher oder Trinker einzuschlagen, besonders hoch.

Dumme Eulen

Wer nicht glauben mag, dass ein Leben gegen die innere Uhr zu einem Leben in Dummheit verdammt, der muss nur einmal nach durchwachter Nacht versuchen, sich auf eine Arbeit zu konzentrieren, die er sonst mit links erledigt. Eine Routineaufgabe, etwa die Berechnung von Material für die Renovierung einer Wohnung, gerät vor dem inneren Auge zu einem fast unüberwindbaren mathematischen Problem. Ein einfacher juristischer Schriftsatz rückt mit einem Mal in die Nähe eines komplexen Vertragswerks, und Pressemeldungen im Umfang einer DIN-A4-Seite geben einem das Gefühl, dass man sich damit um den Literaturnobelpreis bewerben würde. Alles erscheint schwierig, aufreibend, anstrengend! Ein vorbeifahrendes Auto, das Fauchen der Kaffeemaschine, das Klingeln des Telefons im Nebenbüro – selbst das kleinste Geräusch raubt einem den letzten Nerv. Man kann sich nicht konzentrieren, macht Fehler und lässt sich von jeder noch so kleinen Sache ablenken, und wenn der verhasste, sich gerne mit fremden Federn schmückende Kollege auf Infobeutezug urplötzlich im Türrahmen des Büros steht, nimmt man eine Unterhaltung mit ihm sogar als willkommene Ablenkung. Oder man starrt Löcher in die Luft und gibt sich Tagträumen hin, aus denen man sich nur schwer wieder herausreißen kann. Kurzum: Man möchte zwar arbeiten, kann aber nicht, man lenkt sich ab und sollte nicht – ein Teufelskreis, der sich nur durch den ersehnten Schlaf durchbrechen lässt. Doch auf den muss man bis nach Feierabend warten bzw. bis nach Schulschluss oder Seminarende. Denn wie erwähnt, sind die meisten Schüler und Studenten biologisch bedingte Spättypen und in ein atypisches Leben gezwungen, das denen von Schichtarbeitern gleicht. Der frühe Unterrichtsbeginn entreißt ihnen die wertvollen letzten Stunden des Schlafes, die für die Auffrischung der Gedächtnisleistung zuständig sind. Was wiederum bedeutet, dass diejenigen, die biologisch als Langschläfer prädisponiert sind, in ihrer schulischen Performance beeinträchtigt werden: Ihre Müdigkeit verschlechtert ihre Gedächtnisleistung sowie ihre Konzentrations- und Leistungsfähigkeit. 50 Prozent der Schüler und Schülerinnen in den Abiturklassen, so eine Münchener Studie, schlafen in den Schulstunden bis zur ersten großen Pause (um ca. 9.35 Uhr) im Unterricht ein. Kritisch wird es, wenn in dieser Zeit Leistungsnachweise erbracht werden müssen. Die Klassenspiegel dieser Arbeiten liegen deutlich unter dem Schnitt aller geschriebenen Klassenarbeiten.

Eulen schneiden laut Till Roenneberg auffällig oft schlechter in der Schule ab als Jugendliche, die zum Frühaufsteher tendieren und die hormonell bedingte Verlagerung des Schlafbedürfnisses aufgrund ihrer chronobiologischen Disposition besser ausgleichen können – daraus ergeben sich die klassischen Streberkarrieren. Bei den Lehrern sind Lerchen beliebt und durch ihre Veranlagung im moralischen und kulturellen Vorteil. Die Eulen hingegen müssen in dieser Phase permanent Frust einstecken, der durchaus prägend für ihre Berufswahl und damit für das gesamte spätere Leben sein kann. Denn wer in Fächern die Leistung nicht bringen kann, die für einen bestimmten Numerus clausus erforderlich ist, kann gewisse Berufswege nicht einschlagen. Roenneberg plädiert deshalb, ebenso wie seine amerikanische Kollegin Mary Carskadon, für einen späteren Schulanfang: »Wir schließen daraus, dass Heranwachsende und junge Erwachsene außerordentlich profitieren würden, wenn ihre innere Uhr stärker berücksichtigt würde. Dazu gehört unter anderem die Anpassung der Schulzeiten – vor allem bei Jugendlichen zwischen 15 und 25.«[31]

Eulen leben gefährlich

Was genau steckt hinter der Unfähigkeit, sich nach zu wenig Schlaf auf seine Arbeit oder den Unterricht zu konzentrieren? Der Biologe Michael Chee von der Duke National Universität Singapur ging dieser Frage nach und maß die magnetischen Hirnströme übernächtigter Testpersonen und stellte sie in Beziehung zu denen einer ausgeschlafenen Vergleichsgruppe. Während Seismographen die Hirnaktivität aufzeichneten, mussten die Probanden einen einfachen Reaktions- und Konzentrationstest durchführen: Auf einem Projektor erschienen nacheinander Buchstaben als visuelles Signal. Die Probanden sollten so schnell wie möglich nach Erscheinen dieser Signale eine Taste betätigen, die angab, ob ein Groß- oder ein Kleinbuchstabe gesehen wurde. Das Experiment dauerte über eine Stunde, man musste sich also relativ lange auf ein visuelles Signal konzentrieren. An der Reaktionszeit, die zwischen Erscheinen des Bildes und dem Tastendruck lag, konnte man Aufmerksamkeitsschwankungen messen. Die Schnellsten und Stärksten beider Gruppen waren in ihrer Konzentrationsfähigkeit gleich auf, bei den Langsamsten hingegen zeigten sich gravierende Unterschiede: Bei Übernächtigten reagierten die im Hirn ansässigen Kommandozentralen, die dafür sorgen, dass sich die Aufmerksamkeit nach nachlassender Konzentration wieder erhöht, kaum noch, und das Areal, das für die Verarbeitung optischer Reize zuständig ist, hatte sich im Wortsinn abgeschaltet und war gänzlich inaktiv. Chee vermutete, dass das Gehirn Übernächtigter sich in einem schlafähnlichen Zustand befindet. Das Abdriften in Tagträumereien und die Eigenart, bei völliger Übernächtigung dumpf und ohne Ziel in die Gegend zu starren, findet hier eine neurobiologische Erklärung. Chee schlussfolgerte, dass das unausgeschlafene Hirn einfach nicht fähig sei, sich aus einer Bewusstseinslücke herauszureißen, während bei Ausgeschlafenen die Funktion, sich nach einem gedanklichen Ausflug ins Nirgendwo wieder zusammenzureißen und auf die Aufgabe zu konzentrieren, zum Kerngeschäft gehört.

Das zeigte sich auch, wenn man die Besten beider Gruppen miteinander verglich: Die Übernächtigten konnten sich durchaus auf den Test konzentrieren, hatten zwischendurch aber völlige Aussetzer. Clifford Saper von der Harvard-Universität erläutert Chees Studie: »Das Ergebnis zeigt, dass das Gehirn von übernächtigten Individuen durchaus normal arbeitet. Aber zwischendurch leidet es an so etwas wie einem Stromausfall.«[32]

Problematisch war, dass die Probanden, die nicht genug geschlafen hatten und trotzdem funktionierten, sich aufgrund ihrer vergleichsweise exzellenten Bewältigung der gestellten Aufgabe im Gefühl wiegten, wach, ausgeruht und den Anforderungen des Tages gewachsen zu sein. Den Mini-Stopp ihrer Hirnaktivität bekamen sie gar nicht mit. Diese Ausfälle aber sind es, die jugendliche Schüler, Studenten und Auszubildende dazu disponieren, unvermittelt in den

Tiefschlaf zu fallen. Sie weisen die gleichen Symptome auf wie Narkolepsie-Patienten. Und darin liegt die Gefahr: Denn wenn Menschen so übermüdet sind, dass sie im Stehen einschlafen könnten, dann neigen sie – ohne, dass sie es mitbekommen – zum hochgefährlichen Sekundenschlaf. Im Unterricht mag das im schlimmsten Fall das Gelächter der Mitschüler oder eine Abmahnung vom Lehrer eintragen, im Straßenverkehr jedoch können diese Mini-Blackouts tödlich sein, und sei es nur auf dem morgendlichen Weg zum Ausbildungsplatz. LKW-Fahrer, die über lange Strecken am Steuer sitzen, kennen dieses Phänomen, aber auch abstinente Diskogänger, die nach durchtanzter Nacht ihre angetrunkenen Freunde nach Hause fahren wollen, sind nicht so fit, wie sie glauben. Manfred Walzl, Neurologe und Psychiater der Landesnervenklinik Graz, erklärt, dass Schlafmangel die benebelnde Wirkung von Alkohol haben kann. »Nach 17 Stunden Wachzeit am Stück reagiert der Mensch so, wie wenn er 0,5 Promille Alkohol im Blut hätte, nach 24 Stunden sogar wie 1,0 bis 1,2 Promille.«[33]

Ein ähnlicher Effekt hat Schlafmangel bei Menschen, die zu früh aus dem Bett gerissen werden, weil sie entgegen den Vorgaben ihrer inneren Uhr gezwungen sind, sich äußeren Gesetzmäßigkeiten wie Arbeitsbeginn oder Öffnungszeiten von Behörden zu beugen. Denn der Mangel an Schlaf, der sich bei einem Eulen-Typus notgedrungen anstaut, akkumuliert sich mit der Zeit und lässt sich auch nicht ausgleichen – außer, man ändert sein Leben radikal. Gelten Nachtschichten gemeinhin als ungewöhnliche und strapazierende Arbeitszeit, so sind für diejenigen, die (bei einem normalen Schlafbedürfnis von acht Stunden) ihre Schlafmitte gegen fünf Uhr morgens haben, die sozial akzeptierten bürgerlichen Zeiten ungewöhnlich und strapaziös. In ihrem Hirn setzen die Leitungen aus, ohne dass sie es merken. Auch sie fallen in den gefährlichen Sekundenschlaf – und das kann zu Pannen und gefährlichen Unfällen führen, etwa wenn man Maschinen bedienen muss oder Auto fährt. Nicht umsonst steigt im Frühjahr, wenn allen durch die Zeitumstellung eine Stunde Schlaf geraubt wird, die Anzahl der Verkehrsunfälle rapide an.

Ikonen der Bewegung

*Für einen richtigen Gentleman nehmen wir 10 Uhr
als die frühste Stunde, zu welcher er daran zu denken beginnt,
sein Kissen zu verlassen.*

Lucas

Langschläfer sind Schlafmützen? Für die folgenden Persönlichkeiten gilt das sicher nicht. Sie haben allesamt ihre Epoche geprägt, Maßstäbe gesetzt oder sich durch ihre ausgeschlafene Art in den schlimmsten Krisensituationen bewährt. Lang zu schlafen ist nicht nur genetisch vorgegeben, es ist auch eine Lebenseinstellung, die die Sicht auf die Welt und die Dinge bestimmt. Während die Frühaufsteher-Fraktion all die Ich-bin-schon-seit-sechs-Uhr-wach-und-habe-schon-so-viel-erledigt-Helden für sich zum Vorbild nehmen kann, gibt es auch für die Gruppe der Eulen leuchtende Beispiele – und diese sind, wen wundert's, weitaus schillernder als die Langeweiler aus dem Lerchen-Lager.

Königin Luise von Preußen

Preußenkönig Friedrich II. erhob sich gewöhnlich um fünf Uhr morgens von seinem Feldbett, das er selbst in seinen prachtvoll dekorierten königlichen Gemächern zum Schlafen nutzte, und regierte dann mit eiserner Emsigkeit sein durch Krieg und Verheerungen erweitertes Königreich. Sein Rock war zerrissen, seine Figur ausgezehrt, sein Haar ergraut und seine Laune im Keller. Kammerherren und Leibdiener fürchteten seine Ausbrüche. Selbst ein auf seine Anweisungen hin zusammengestellter hochexklusiver Aufguss, ein mit Senfpulver und Chili gewürzter Mokka, der wohl kaum den Namen »Frühstückskaffee« verdiente, konnte seine Laune nicht heben. Friedrich II. besaß das grimmige Gemüt eines Getriebenen, den die vermeintliche Trägheit der Individuen, die nicht aus seinem Holz geschnitzt waren, entmutigte – und das galt sogar mehr noch für den Adel als für das einfache Volk. In Friedrichs Herzen regierte neben Ordnung, Fleiß und Pünktlichkeit der Hochmut eines am mangelnden Weitblick seiner Umgebung verzweifelnden Genies.

Klar hat er Großes vollbracht, der 1,74-Meter-Mann aus dem Hause der Hohenzollern. Nicht umsonst ehrt seinen Name der Zusatz »der Große«, was weltweit nur sechs Herrschern und einer Herrscherin zuteil wurde. Er hat sein kleines Land gegen große Mächte verteidigt, die Prügelstrafe, die Folter und die Leibeigenschaft abgeschafft und im *Antimachiavell* als Tugenden eines Fürsten die Liebe zum Volk und die Bewahrung seines Glückes propagiert. Ihm ist es zu verdanken, dass Preußen zu einer ernstzunehmenden Macht im Gefüge der Staaten aufstieg. Und er gehörte zu den Ersten, die den neuen demokratischen Staat USA anerkannten, so dass die Gründungsväter George Washington und Benjamin Franklin bei seinem Tod den Verlust ihres »einzigen Freundes« betrauerten.

Doch all diesen Verdiensten zum Trotz war der eigentliche Star der Preußen eine Frau, Königin Luise. Schon allein was ihre Kleidung betrifft, setzte sie Maßstäbe. Sie war die Modeikone ihrer Zeit und würde, wäre sie nicht achtfache Mutter und verheiratet gewesen, heute glatt als It-Girl durchgehen. Als sie beschloss, Korsett und Reifrock abzulegen, und es wagte, statt dessen à la française hauchdünne, sehr raffinierte Gazekleider zu tragen, die man unter der Brust schnürte, quollen die Auftragsbücher der Modemacher Vibeau, Quittels, Nitzen und Michelets über. Jede Frau, die es sich leisten konnte, wollte nun dort schneidern lassen, wo die Königin ihre Garderobe fertigen ließ.

Selbst ihre spontanen Einfälle wurden imitiert. Als das Königspaar im August 1800 einen Ausflug zur Schneekoppe machte und es kühl wurde, lieh sich Luise von der ältesten Tochter des Grafen Schaffgotsch aus einer Laune heraus einen lila Schal mit silbernen Fransen, der weder zu ihrem ockerfarbenen Kleid passte, noch an die Qualität ihrer ausgesuchten Stoffe heranreichte, und trug ihn stolz wie einen purpurnen Königsumhang. Fortan zählte es zum letzten Schrei, einen lila Schal mit silbernen Fransen zu tragen, ebenso wie zuvor schon das Kopftuch, das Luise sich in ihrer Kronprinzessinnenzeit um den Hals gebunden hatte, um eine unschöne Schwellung zu verbergen – es wurde geradezu Kult. Der Bildhauer Johann Gottfried Schadow verewigte es sogar in seiner Marmorstatue von Luise und ihrer Schwester Friederike.

Diese Neigung zum Modischen, zum Schick und zur stilbildenden Inszenierung unterstrich Luises natürliche Schönheit, die sie mit allen Mitteln zu erhalten versuchte. Natürlich zählte für sie dazu, sich ordentlich auszuschlafen. Wie alle Damen ihres hohen Standes genoss Luise das Privileg, bis zum Mittagessen »*en negligé*« bleiben zu dürfen. Doch während viele wohl diese Zeit nutzten, um ihre Korrespondenz zu erledigen, Ordern an die Hofmeisterinnen zu geben oder die Bibel zu studieren, schlief sich die Preußenkönigin richtig aus – bis neun Uhr mindestens, zehn war aber auch keine Seltenheit. Dann ließ sie sich von ihrer Kammerdame das Frühstück (drei Tassen Schokolade, Zwieback und Erdbeeren) bringen und studierte erst einmal die Tageszeitungen, die um 1800 allerdings aus logistischen Gründen nur alle drei Tage erschienen, was Luise die Gelegenheit gab, an den Tagen, an denen keine Zeitung geliefert wurde, einfach so lange zu schlafen, bis sie die Obersthofmeisterin mit donnerndem Schritt weckte (selbst Preußens Königin konnte nicht immer so handeln, wie sie wollte). Bis Luise geruhte, sich mittels einer ausgiebigen Morgentoilette zum Mittagmahl zurechtzumachen, standen die Zeiger bereits auf zwölf Uhr. Ein, wenn nicht sogar zwei Stunden dieser kostbaren Zeit am Vormittag widmete sie ihren zahlreichen Kindern. Sie tollten im Bett herum, neckten sich, machten Kissenschlachten oder schmusten einfach nur mit ihrer geliebten Mutter. Mit diesen possierlichen Szenen von Mutterliebe und Mutterglück stieg Preußens schöne Königin quasi zur Heiligen der neuen bürgerlichen Bewegung auf und avancierte zu deren Vorbild. Eine Königin, die ihre Kinder selbst erzieht – wo hatte es das, zumal im rigiden Preußen, schon einmal gegeben?

Freilich unterlag dieses Bild einer geschickt lancierten Täuschung, denn selbstverständlich hatte auch Preußens

Herrscherpaar eine ganze Heerschar von Erziehern, Gouvernanten, Lehrern und Exerziermeistern für ihren Nachwuchs engagiert. Doch irgendwie ging dies in all dem Trubel über die Volksnähe der Königin unter. Zu ihrem Glück.

Ein Grund, warum Luise gerne lange schlief, war der, dass sie keine Feier ausließ. In einem berühmten Brief aus ihrer Zeit als Kronprinzessin an ihre Schwester Therese schreibt sie: »Mach Dich darauf gefasst, dass ich bald sterben werde. Denn seit ich mit diesem Brief begann, habe ich immer nur getanzt und bis zu meinem Geburtstag finden noch sieben Bälle statt (…). Morgen ist Ball bei der Königinwitwe, übermorgen große Gesellschaft bei mir, Freitag Ball bei dem Grafen Alvensleben (…), am Sonnabend bei Podewils und am Sonntag bei dem König. Da kann man wirklich seine Seele verlieren und sein Testament machen.«[34]

Kein Wunder, dass Luise ausschlafen musste, um dieses Pensum durchzustehen – denn vor diesen Veranstaltungen drücken konnte sie sich keineswegs. Es war nicht nur ihre königliche Pflicht, auf allen Feiern zu erscheinen, es war auch ein Instrument der Politik, zu feiern, zu tanzen und sich zu amüsieren. Denn nicht nur das aufbegehrende Bürgertum musste in Schach gehalten werden, auch den Adel galt es bei Laune zu halten. Dieses Bedürfnis wusste Luise geschickt zu bedienen, indem sie mit allen – ob mit Herren von hohem Stande oder mit niederen Offizieren – die Nächte durchtanzte. Auch wenn ihr deshalb eine gewisse Willfährigkeit nachgesagt wurde, vermittelte sie so das allgemeine Gefühl, für alle Belange ein offenes Ohr zu haben – das höfische Kalkül ging auf. Was weniger wahrgenommen wurde, war, dass das Königspaar selbst nur so viele Feste ausrichtete, wie es die

Höflichkeit gebot. Statt allzu oft zu opulenten Feiern einzuladen, erließ man dem Volk einen Teil der Steuern.

Luises Stil war Preußens Antwort auf die Schrecken der bürgerlichen Revolution in Paris. Sie avancierte zur vielgeliebten Königin, die die Interessen der Hofkamarilla wie des einfachen Volkes durch ihr vorbildliches Leben zu wahren vortäuschte. Ob adelige Vergnügungssucht oder bürgerlicher Familiensinn – sie brachte alles unter einen Hut, auch weil sie eine einfache und sehr friedliche Gewohnheit pflegte: Sie schlief aus.

Albert Einstein

Sein wilder, zerzauster Haarschopf, die Tränensäcke, die unzähligen Falten, die sich tief in sein Gesicht gegraben haben, die etwas achtlose Haltung und der (trügerische) Eindruck, dass er nicht viel wert auf seine Kleidung legte – kurz, das gesamte Erscheinungsbild Albert Einsteins nährte den Verdacht, dass das Genie gerade erst aufgestanden sei. Und so manches Mal wird dieser Eindruck der Wahrheit entsprochen haben, denn der Physiker legte wert auf ausreichend Schlaf und war vor zehn Uhr morgens ungenießbar wie ein bitterer Pilz.

Möglicherweise ist genau diese leicht zerfledderte Erscheinung in Verbindung mit der Aura eines verrückten Professors der Grund, warum uns Einstein noch heute so präsent ist. Sicher, da war der Nobelpreis und die Relativitätstheorie, aber es gibt Hunderte von Nobelpreisen für naturwissenschaftliche Leistungen, und an die meisten ihrer Träger erinnert man sich schon bald nicht mehr. Hört man ihre Namen, entsteht kein Bild vor dem inneren Auge, und ebenso wenig weiß man, worum es in den ausgezeichneten wissenschaftlichen Arbeiten ging. Zugegeben, das können auch bei Einsteins Relativitätstheorie genaugenommen nur die wenigsten, aber dafür hat die Formel $E = mc^2$ in ihrer grandiosen Einfachheit geradezu Popcharakter. Sie inspirierte zu Filmen (wenn auch nur experimenteller Art), Kunst (etwa beim »Walk of Ideas« während der Fußball-WM 2006) oder Musik (von Mariah Carey, die eines ihrer Alben mit der Einsteinformel $E = mc^2$ betitelte). Aber ganz gleich, was Einstein geleistet hat, ohne seine Selbstinszenierung als gerade dem Bett entstiegener verwirrter Professor hätte er wohl kaum soviel Popularität erlangt. Er war ein sympathisches Genie zum Anfassen – und hatte den Mut, seinen Träumen bis in den frühen Morgen nachzugehen. Die Idee zu seiner Relativitätstheorie kam ihm, dem Langschläfer, tatsächlich im Traum oder im Halbschlaf – die Legenden dazu sind etwas unterschiedlich. Jedenfalls vertiefte Einstein sich nicht in das Dickicht von Algebra, Newton'scher Axiome und den Tücken der endlosen Räume, sondern ging auf eine imaginäre Reise. Er stellte sich vor, auf dem Rücken einer Rakete, die so schnell war wie das Licht, durch die Weiten des Alls zu sausen und dabei in einem Taschenspiegel zu prüfen, ob die Frisur noch sitzt. Er ging dieser Idee nach, bis er nachweisen konnte, dass das Spiegelbild durch die Lichtgeschwindigkeit den Spiegel niemals erreichen konnte. Dieser Gedanke war die Basis seiner berühmten Formel: $E = mc^2$.

Nach Lehrtätigkeiten in Bern (1896–1914) und Berlin

(1914–1932) landete Einstein schließlich in Princeton, wohin er vor Naziterror und -verfolgung geflohen war. Hier, auf der Veranda seines Hauses, konnte man ihn mit einem Glas warmer Milch in der Hand antreffen, wenn er die Arbeit Arbeit sein ließ und im Schaukelstuhl dem Bedürfnis nach einem Nickerchen nachgab. Einstein beweist: Egal, wie die Frisur sitzt, Hauptsache der Kopf ist rund, damit man ihn wohlig auf ein Kissen betten und man mal die Richtung seines Denkens ändern kann.

Den Wahnwitz, in den man durch allzu große Genialität schlittern kann, kannte Einstein am Beispiel seines Freundes Kurt Gödel. Der Logiker musste sich für sein Einbürgerungsverfahren, das seiner amerikanischen Staatsbürgerschaft, die er 1947 beantragte, vorausging, einer richterlichen Anhörung unterziehen. Bei der Lektüre der Verfassung verheddderte Gödel sich in Bedenken: Er wollte zeigen, dass die Verfassung eine Lücke aufweise, aufgrund derer es möglich sei, eine Diktatur zu errichten. Einstein, der dankbare und vom freiheitlichen Geist Amerikas begeisterte US-Bürger, setzte alles daran, seinen im Beweiswahn gefangenen Kollegen zum Verfahren zu begleiten. Zu groß war die Gefahr, dass dieser sich bei der Anhörung in Schwierigkeiten brachte. Gödel hätte sich beinahe um Kopf und Kragen geredet, doch Einstein gelang es, seinem Freund aus der Bredouille zu helfen. Dank seiner Lässigkeit im Umgang mit seiner hohen Intelligenz konnte er auch mal vereinfachen, wo der Alltag Vereinfachungen auferlegte. Großzügig war er ebenfalls – selbst gegenüber denjenigen, die sich seine Leistungen auf die (Landes-)Fahne schreiben wollten. »Wenn ich mit meiner Relativitätstheorie recht behalte«, meinte Einstein

1915 zur *London Times*, »werden die Deutschen sagen, ich sei Deutscher, und die Franzosen, ich sei Weltbürger. Erweist sich meine Theorie als falsch, werden die Franzosen sagen, ich sei Deutscher und die Deutschen, ich sei Jude.«

Er war witzig, spöttisch und mitunter frech, was das bekannte Foto mit der herausgestreckten Zunge beweist. Der Physiker kam damals gerade von einer Veranstaltung der Uni Princeton zu Ehren seines 72. Geburtstags und nahm auf der Rückbank eines Autos zwischen seinem Chef und dessen Frau Platz. Genervt von den Fotografen, die nicht aufhören wollten, ihn zu fotografieren, streckte er ihnen die Zunge heraus. Eine stilsichere Geste (andere hätten den Mittelfinger gezeigt), die ihn außerhalb akademischer Zirkel zur Ikone aufsteigen ließ. Einstein avancierte posthum zum Popidol einer jungen Generation. Das Zungenbild zierte neben Che Guevara unzählige Wohngemeinschaften der Hippie-Ära, die ja Langschläfern grundsätzlich aufgeschlossener gegenüber war als die Generation Wirtschaftswunder. Einstein galt ihnen als frecher Friedensapostel. Es war die Verschmelzung von entspanntem Genie und menschlicher Größe: Wenige Tage noch vor seinem Tod 1955 hatte er ein Manifest für die Abrüstung unterzeichnet und damit auch zum Kalten Krieg Position bezogen.

Helmut Schmidt

Jede Ehe hat ihr Geheimnis. Das Geheimnis ihrer viel bewunderten Ehe mit Helmut Schmidt erzählte Loki Schmidt einmal ganz nebenbei einem Reporter: »Die Tragik unserer Ehe ist, dass ich ein Morgensinger bin, mein Mann eine Nachteule«[35], bekannte sie.

Wer hätte das gedacht?, mag manch gekränkter Frühaufsteher nun denken – der Altbundeskanzler mit dem souveränen Habitus als »Elder Statesman« keine Lerche? Tja, so sieht es aus: Helmut Schmidt ist einer von uns Langschläfern und der lebende Beweis dafür, dass man als solcher nicht unbedingt im milchigen Nebel der Bohème und der Tagträumerei zu finden ist, sondern mitten im Weltgeschehen. Es gibt noch mehr Hinweise darauf, dass Helmut Schmidt die Morgenstunde lieber gut gebettet verbringt, als Zugeständnisse an bürgerliche Betriebsamkeit zu machen, wie so viele andere im Politzirkus und in den Vorstandsetagen. Giovanni di Lorenzo, Chefredakteur der *Zeit*, berichtet Folgendes von den Zusammentreffen mit dem Altbundeskanzler, die seiner Kolumne *Auf eine Zigarette mit Helmut Schmidt* vorausgehen: »Helmut Schmidt raucht ja nicht nur Zigaretten. Jedes Mal bringt er Schnupftabak mit und trinkt dazu Kaffee mit Milch und extra viel Zucker. Unsereins würde angesichts dieser Dröhnung wie Rumpelstilzchen durch die Flure hüpfen. Schmidt dagegen ist dann überhaupt erst auf Betriebstemperatur.«[36] Wo sich die beiden Interviewpartner zu ihren freitäglichen Treffen einfanden (Hamburger Pressehaus, 6. Stock), ist bekannt, über das Wann indes kann man nur Mutmaßungen anstellen – aber es ist sehr wahrscheinlich, dass die Treffen nach zehn Uhr morgens stattfanden. Denn vorher ist im Pressehaus – außer der rührigen Verwaltung – nur bedingt jemand anzutreffen. Und wer dann selbst um diese Zeit noch eine derart brisante

Mischung aufputschender Stimulanzien schätzt, um in die Gänge zu kommen, der weist sich unmissverständlich als einer aus, dessen Motor noch nicht angesprungen ist, und er kann unmöglich ein Frühaufsteher sein.

Ein weiterer Hinweis auf Schmidts Langschläfertum findet sich in der Nonchalance seines Lebensstils. Sein Ferienhaus am Brahmsee ist eine Baracke aus Holz, Presspappwänden und Eternitplattenverkleidung, die er (allerdings einschließlich 30 Metern Seeufer und 3000 Quadratmetern Roggenackerboden) vor knapp 50 Jahren für 7000 Euro gekauft hat. Mehr war damals nicht drin. Auch im Haus nicht: ein Eltern-, ein Kinderschlafzimmer, eine Stehküche, ein Klo. Kein Strom, kein fließend Wasser, keine Heizung. Erst nach und nach wurde es in der Baracke heimelig – und dann wurde sie gleich Schauplatz der hohen Politik, wenn etwa um Finanzen, Arbeitsplätze oder Koalitionen gerungen wurde, man Staatskrisen bewältigte und versuchte, mögliche Fehler zu verwinden. Am Brahmsee wurden Minister empfangen und Präsidenten, Parteifreunde, Koalitionspartner und Journalisten, manchmal sogar im lockeren Freizeitlook – ein Mann, dessen Stimme über die Grenzen Europas hinaus Gewicht hat, kann es sich leisten, in Shorts und Ringelhemd die Tür zu öffnen und Gästen einen zufälligen Blick durch die angelehnte Schlafzimmertüre zu gewähren. Hat er hier bis vor kurzem die Lektüre der zehn Tageszeitungen, die er sich täglich vornimmt, beendet? Oder war es doch eher an seinem Schreibtisch? Wer weiß das schon.

Ausgeschlafene Gelassenheit ist nicht das Erste, was einem beim Namen Helmut Schmidt einfällt, der sich wegen seiner klaren Worte früh den Ruf einer »Schmidt-Schnauze«

eingehandelt hatte. Er stand zu diesen Worten, dies verrät ein großes Selbstvertrauen in die eigene Urteilsfähigkeit, die er etwa als Innensenator 1962 bei der Hamburger Flutkatastrophe unter Beweis stellte, oder während der massiven terroristischen Herausforderungen durch die Baader-Meinhof-Bande und die RAF in den 70er Jahren.

Schmidt hat so manche Nacht kein Auge zu getan und hätte es wahrlich verdient gehabt, auszuschlafen. Das hat er inzwischen nachgeholt. Seine Frau Loki erzählte einmal: »Wir schlafen sehr viel. Wir haben die senile Bettsucht, keineswegs die präsenile Bettflucht.«[37]

Marilyn Monroe

Ja, auch die Monroe gehörte zu uns Langschläfern. Sie gilt sogar als unsere Königin! Selbst wenn man sie angesichts der Tragödien, die ihr Leben bestimmt und auch beendet haben, vielleicht nicht zum Vorbild erheben möchte. Aber das Leben und der Lebensstil der Marilyn Monroe ist eben auch eine Frage der Perspektive. Denn das, was die Monroe geschaffen hat, gilt für die Ewigkeit. Es ist egal, mit welchen Mengen Wasserstoffperoxid man sein Haar bleicht, wie blass man seinen Teint hält, wie verführerisch man seine roten Lippen zu einem Kussmund formt, wie schläfrig einladend man aus der (Unter-)Wäsche schaut oder wie stolz man sein Dekolleté präsentiert – keine Frau wird jemals an ihre Göttlichkeit heranreichen. Auch wenn die Monroe für das heutige Schönheitsideal mit Kleidergröße 40 etwas zu pummelig war (besonders für die Kamera, deren kaltherziger

Blick ungnädige acht Kilogramm draufpackt) – sie bleibt das ewige Original, da können sich Madonna, Christina Aguilera, Lady Gaga oder Paris Hilton anstrengen, so viel sie wollen.

Marilyn Monroe war trotz all ihrer unzähligen Lebensdramen stets der unangefochtene Star, mehr noch, sie prägte ihre Epoche und setzte in vielerlei Hinsicht Maßstäbe. Am einprägsamsten wohl durch ihre Sinnlichkeit. In der sexhungrigen Nachkriegszeit sahen viele die Macht der Triebe als die letzte aller Wahrheiten an. Sex galt als Schlüssel zum Menschen, seiner Seele, seinem Innersten. Sigmund Freuds Lehren belebten Party-Gespräche. Der Sexualforscher Kinsey veröffentlichte seine erste Studie. Marilyn Monroe war Antwort, Erfüllung und Versprechen zugleich. Sie war nicht Objekt der Begierden, sondern deren Subjekt. Ihr wackelnder Gang, ihr Hauch von Stimme, ihr dicker Hintern – was wenige Jahre zuvor noch wie eine billige Provokation gewirkt hätte, war der Triumph eines üppigen schwelgenden Narzissmus, einer Freude an der eigenen Weiblichkeit ohne falsche Scham. 1952 kamen Jugend-Fotos der Monroe ans Tageslicht, die zeigten, wie sie sich nackt auf einem roten Stück Samt räkelte. Für alle anderen hätten diese Bilder das Aus der jungen Karriere bedeutet. Nicht jedoch für sie. Als ein, ob dieser Ungeniertheit fassungsloser Reporter nachhakte und fragte, ob sie denn tatsächlich nichts angehabt habe, antwortete die Monroe keck: »Doch, das Radio.«[38] Alle waren angetan von ihrer erfrischenden Schlagfertigkeit.

Ein anderer Beweis für die neuen Maßstäbe, die sie setzte, war ihr Umgang mit ihrem Marktwert. Sie war von der 20th Century Fox durch einen Siebenjahresvertrag gebunden, der ihr weniger zugestand, als ihr aufgrund ihrer wachsenden Popularität hätte zustehen müssen. Sie fand jedoch eine Lücke im Kleingedruckten, unterschrieb bei einer Plattenfirma und nahm Songs wie »Diamonds are a girls best friend« auf, die sie reich machten. Dann forderte sie von der 20th Century Fox bessere Rollen, bekam sie, wurde zum Publikumsmagneten Nummer eins und verließ – auf dem Höhepunkt ihres Erfolgs – die Firma, um sich mit einer eigenen Filmproduktion selbständig zu machen.

Auch was die Richtlinien für die Güteklasse ihrer Liebhaber und Ehemänner betrifft, ist Marilyn Monroe ungeschlagen, selbst Carla Bruni kommt da nicht heran. Von ihrer ersten Ehe mit dem unbedarften Nachbarsjungen Jim Dougherty, mit dem sie immerhin freundschaftlich verbunden war, einmal abgesehen, angelte sie sich nicht nur Amerikas Sportlegende Joe DiMaggio, sondern auch Arthur Miller, den international gerühmten Vorzeige-Intellektuellen. Dazu kamen Affären mit US-Präsident John F. Kennedy und dessen Bruder Robert.

Doch Marilyn Monroes Vorzeigefunktion in Sachen selbstbestimmter Sexappeal, Geschäftssinn, Männer und internationaler Erfolg verblasst angesichts des Maßstabs, den sie in Sachen langes Schlafen gesetzt hat. Sie ist die Krönung der Langschläfer. Welche von Hollywoods klassischen Filmdiven konnte es sich damals schon leisten, nach den Beleuchtern, den Kameraleuten, dem Regisseur oder gar den Wichtigtuern aus Produktion, Leitung oder Chefetagen am Set zu erscheinen? Niemand hätte es riskiert – und selbst ein Topstar wie Grace Kelly nahm, wenn auch klagend, in Kauf, immer früher am Drehort erscheinen zu müssen, damit durch immer aufwendigeres Make-up Frische und Freundlichkeit ins Gesicht gezaubert wurden. Die Monroe kratzte das nicht. Bei ihr reichte ein einfaches Ausgeschlafensein nicht aus – nach dem ersten späten Erwachen schlief die Einzigartige einfach ein weiteres Mal ein. Was bedeuteten schon Produzenten, denen die Halsschlagader schwoll, weil sie bei jeder Minute, die das hundertköpfige Team mit Warten auf den Star verbrachte, die Unsummen vor Augen hatten, die gerade verpufften? Viel wichtiger war der Monroe der wohltuende Effekt eines verlängerten Morgenschlummers. Drei Stunden Verspätung? Peanuts. Sie ließ die Leute locker auch acht Stunden warten, manchmal kam sie gar erst einen Tag später zu den Dreharbeiten. Mit erfreulicher Wirkung, denn das lange Schlafen ersparte den Leuten in der Maske nicht nur aufwendiges Make-up, es beförderte die Künstlerin auch zwangsläufig in den Mittelpunkt.

Und die Monroe hatte nur große Auftritte. Ob beim Geburtstag ihres Freundes John F. Kennedy, vor den US-Truppen in Südkorea oder eben am Filmset: ihr Auftreten garantierte ihr die Aufmerksamkeit, die sie für sich beanspruchte. Und alle, die sie anfangs zähmen wollten, fügten sich ihrem Tempo, weil sie ihrem Talent, ihrem Können und ihrem großartigen Gespür für das richtige Timing erlegen waren. Billy Wilder prägte für die Monroe ein immerwährendes Bonmot: »Es kommt nicht darauf an, wie lange man wartet. Es kommt darauf an, auf wen man wartet.«

Lektionen für Lerchen

Schlafe! Was willst du mehr?
Johann Wolfgang von Goethe, *Nachtgesang*

Die Fronten sind klar abgesteckt: Von der Mehrheit der früh Erwachenden wird den Eulen die Opferrolle zugedacht. Auf ewig soll den Langschläfern das Unbehagen der frühen Stunde schmerzlich erhalten bleiben. Eine Mischung aus Rechthaberei, missionarischem Eifer und der Gewissheit, den einzig wahren Lebensstil zu pflegen, wird von den Frühaufstehern zu einer Betonwand erhoben, an der sich die Langschläfer die Köpfe stoßen sollen.

Doch das muss man sich nicht gefallen lassen! Begegnen Sie den mal unverschämten, mal hämischen Ratschlägen der Bettflüchtigen nicht mit leidvoller Ignoranz, sondern mit Härte. Weisen Sie diese moralinsauren Fanatiker in die Schranken, indem Sie Ihnen weh tun. Zerrütten Sie den moralischen Führungsanspruch, das elitäre Denken und die lästige Litanei der Frühaufsteher!

Fallbeispiel 1: Der Frühaufsteher als Partner

Gehen Sie präventiv in die Offensive. Wenn Sie die auf Belehrung und Bekehrung ausgerichtete Mimik eines frühaufstehenden Partners schon im Ansatz erkennen, ersticken

Sie seine Mission im Keim. Umarmen Sie ihn fest und sagen Sie ihm dabei so freundlich wie deutlich, dass Sie nichts zum Thema Morgenstund hören wollen, weder heute noch in Zukunft. Wann immer Ihnen Ihr ruheloser Partner danach dennoch empfiehlt, den Tag früher zu beginnen, drehen Sie dem Besserwisser den Rücken zu. Drohen Sie mit Maßnahmen: getrennten Schlafzimmern, Sexstreik. Seien Sie bewusst patzig, unwirsch und schlechtgelaunt und fordern Sie Ihren Partner auf, statt Rumzunörgeln schon mal Brötchen und die Zeitung zu holen, Kaffee zu machen und den Müll runterzubringen, wenn er doch ohnehin schon so früh wach sei. Tun Sie das ruhig im Befehlston, denn Langschläfern kann man am Morgen keine Diskussionsbereitschaft abverlangen. Handeln Sie instinktiv und ohne Scham: Sie werden bemerken, dass sich nach mehrmaliger Wiederholung dieses Prozedere Ihr Schlafsaldo erhöht.

Fallbeispiel 2: Mutter am Telefon

»Ja, ich weiß … Ja, mach ich … Natürlich … Klar … Ja, … Bitte, ja, bis dann … ja, okay, Mama, ja … TSCHÜSS!« Gegen solche Telefonate am frühen Sonntagmorgen hilft nur eins: Telefonstecker rausziehen! Und zwar schon am Abend zuvor. Wenn Sie dann gegen 13 Uhr gemütlich am Frühstückstisch sitzen, sind Gespräche dieser Art zwar auch nicht erbaulicher, aber da haben Sie wenigstens schon Ihren Kaffee in der Tasse, an der Sie sich festhalten können. Während Sie das Sonntags-Update Ihrer werten Verwandtschaft über sich ergehen lassen, können Sie Kräfte sammeln für Ihre süße Revanche. Fortan rufen Sie an! Und zwar täglich. Nie wieder auf einen Anruf warten! Mutti wird sich freuen. Ab 22 Uhr ist dann Ihre Zeit – und halten Sie sie an der Strippe, bis die erste Schlummerstunde verstreicht. Keine Scheu: Ihre Mutter ist Ihre Mutter, und sie bleibt es auch weiterhin.

Fallbeispiel 3: Der Chef als 9-Uhr-Fetischist

Erst einmal muss die Haltung stimmen: Kaum ein Chef ist es wert, sich für ihn persönlich zum frühen Termin zu erheben. Wenn der Job es verlangt, ist das schlimm genug; für weitere freiwillige Zugeständnisse darf hingegen kein Raum sein. Konferenzen um neun Uhr? Vieraugengespräche gleich nach Ihrer Ankunft in der Firma? Kreativmeetings noch vor der Mittagszeit? Nichts für Sie! Und das müssen Sie aus jeder Pore ausströmen! Geben Sie Ihrer noch morgendlich unkoordinierten Feinmotorik freien Lauf: Stoßen Sie gegen alles, was Ihnen in die Quere kommt, rempeln Sie, lassen Sie die Türen laut ins Schloss und die Lieblingstasse des Chefs auf den Boden fallen. Besudeln Sie die Unterlagen mit einem umgestoßenen Glas Wasser. Leiten Sie versehentlich beim Telefonieren den Faxanschluss auf den Chefapparat um. Und quälen Sie sich bei allem eine vergähnte Entschuldigung ab. Wirken Sie bis mindestens zehn Uhr bemüht und belastet, angestrengt und bestrebt. Doch vergessen Sie, solange der Chef in der Nähe ist, das sonnige Lächeln nicht. Und sobald Ihre Biokurve sich aus dem Tief eines verpatzten Morgens in die Höhe eines aussichtsreichen Mittags bewegt, seien sie zu 200 Prozent bei der Sache! Wirken Sie so aufgeweckt, wie es nun einmal Ihre natürliche Art ist. Ballern Sie all Ihre guten Ideen raus. Ersuchen Sie um ein persönliches Gespräch mit Ihrem Chef, in dem Sie mit Ihren

Vorschlägen glänzen. Zeigen Sie, dass das Problem nur am frühen Morgen und nicht etwa bei Ihnen zu finden ist. Denn ab elf sind Sie unschlagbar.

Fallbeispiel 4: Der Kollege als Lerche

Grundsätzlich gilt: Sie dürfen am Morgen im Büro Ihre schlechte Laune nicht nur vor sich her tragen – Sie müssen es sogar, wenn Sie jemals auf Veränderung hoffen wollen. Leiden Sie so sichtbar, dass Sie sogar der forsche Frischfrosch von gegenüber zum Erbarmen findet. Gähnen Sie immerzu und schlürfen Sie dazwischen lautstark Ihren Kaffee. Reagiert Ihr Gegenüber mit Verständnis und Mitleid? Dann haben Sie vielleicht einen heimlichen Mitstreiter gefunden. Schließen Sie sich dann mit diesem und anderen Neigungsverwandten zu Langschläfer-Kollektiven zusammen, um gemeinsam Strategien zu erarbeiten, die den Einfluss der Frühaufsteher auf Ihr Leben und Wohlbefinden verringern. Wenn nicht, dann erkennen Sie (wie bereits bei Ihrem Partner) vorausschauend die niederträchtige Absicht zur Mahnung und gehen in die Offensive: Kommen Sie den ewigen kollegialen Belehrungen zuvor, indem Sie die guten Absichten, ja gar die Sittlichkeit der Mahners in Frage stellen. Lassen Sie sich mit Bemerkungen wie »Schläfst Du noch?« oder »War's gestern wieder lang?!« gar nicht erst in die Ecke drängen, sondern ballern Sie aus vollen Rohren zurück: Enttarnen Sie Ihr frühfröhliches Gegenüber als humorlose, unmoralische, rücksichtslose, dumme, intolerante, militaristische, reaktionäre, schulmeisterliche, kleinkarierte, analfixierte, engstirnige, langweilige, spießige, schmallippige, beschränkte Pottsau, wo immer sich die Gelegenheit bietet.

Lassen Sie Ihren Gefühlen freien Lauf, schöpfen Sie aus dem Fundus Ihrer Ideen und haben Sie keine Scheu vor den Niederungen der Beleidigung. Aber: Erkennen Sie Ihre Grenzen. Es ist früh am Morgen – Sie haben einfach noch keinen Esprit. Achten Sie deshalb nicht auf Ihren Satzbau oder geistvolle Formulierungen. Ihre Offensive muss einfach nur sitzen. Wer dann noch nicht kapiert hat, dass er mit Ihrer Kollegialität va banque spielt, dem drohen Sie mit einem Beschwerdeanruf in der Personalabteilung – und dabei ist es egal, ob Sie den Grund dafür erfunden oder herbeigeführt haben. Verstellen Sie die Bürouhr des Frühaufstehers und machen ihm Vorwürfe, dass er zu spät zur Arbeit kommt. Oder löschen Sie wichtige Dateien auf seinem Rechner und trösten ihn mit seiner eigenen Überzeugung, dass man ja am frühen Morgen am leistungsstärksten sei, auch zum reparieren des Computers. Haben Sie kein schlechtes Gewissen, ein Saboteur zu sein; Ihre Leidensgenossen werden es Ihnen danken. Und ab elf Uhr sind Sie wieder der Sonnenschein in Person!

Fallbeispiel 5: Der Frühaufsteher im Supermarkt

Erweitern Sie die Kampfzone auf die Konsumtempel. Von wegen »Morgenstund hat Gold im Mund«! Beweisen Sie das Gegenteil und bestrafen Sie all jene, die Ihnen vor elf Uhr etwas verkaufen, andrehen oder abverlangen wollen, niemand soll morgens an Ihnen etwas verdienen. Meiden Sie Geschäfte, Kioske, Tankstellen, Einkaufsmeilen, Kaufhäuser, Boutiquen, öffentliche Verkehrsmittel, Cafés – einfach alles, wo man Geld ausgeben kann. Vor elf Uhr rollt bei Ihnen kein Rubel, geht keine Ware über den Tresen, bleibt

Ihre Brieftasche verschlossen. Tragen Sie zur Entvölkerung der Fußgängerzonen bei, und wenn es sich absolut nicht verhindern lässt, dann lassen Sie an dem strahlenden Frühaufsteher an der Kasse Ihre geballte schlechte Laune aus. Zahlen Sie mit großen Scheinen, wenn Kleingeld gefordert ist, oder zählen Sie akkurat und betont schläfrig Ihre Sammlung an Münzen auf das Laufband, wenn Sie zur Zahlung hoher Summen genötigt werden. Bestehen Sie auf angeblichen Preissenkungen – freilich erst nachdem der Betrag eingetippt wurde. Provozieren Sie Fehlbons und Nachfragen. Gucken Sie grimmig, stoisch und unnachgiebig. Und: Schließen Sie sich mit Ihren Leidensgenossen zusammen. Organisieren Sie Konsumstreiks. Die modernen Medien sind ein ideales Instrument für Ihre Ziele. Mobilisieren Sie Ihre Leute zum gemeinsamen Nichtkaufen. Abends hingegen das umgekehrte Spiel: Wer dann geöffnet hat, wann Ihnen es passt, soll durch Ihr Kaufinteresse belohnt werden. Seien Sie freundlich, liebenswürdig und geben Sie sogar Trinkgeld – die Leute hatten schließlich, auch dank Ihnen, einen schlechten Start in den Tag. Und ein bisschen Erziehung, das können wir vom frühen Vogel lernen, muss auch sein: Wenn es Einkaufszonen in Ihrer Umgebung gibt, die sich partout nicht nach Ihren Zeiten und Wünschen richten wollen, trommeln Sie Ihre Langschläfergemeinde zusammen und zeigen denen, was eine Harke ist. Sollen um 19 Uhr die Türen geschlossen werden, dann kommen Sie regelmäßig und in Massen um 18.45 Uhr in den Laden. Fragen Sie freundlich nach Hilfe, lassen Sie sich Sortiment und Auslagen zeigen, klagen Sie über Ihre Bürozeiten. Bleiben Sie konsequent, geben Sie nicht nach. Es gilt:

Morgens – Kaufstreik, abends – Kaufrausch. Geld ist eine Sprache, die jeder kaufmännisch Interessierte versteht. Und je öfter die Kasse abends klingelt, desto eher wird der Händler verstehen, worauf es ankommt (siehe auch: *Der Frühaufsteher im Staatsdienst*).

Fallbeispiel 6: Sprechstundenterror beim Arzt

Eins vorweg: Diese Lektion wird schwierig. Aber es hilft nichts, auch Ärzten muss der Zahn gezogen werden – besonders, was ihre Öffnungszeiten betrifft. »Sprechstunde von 8 bis 12 Uhr« – da kann man auch gleich schreiben: »Wir haben gar keinen Bock, Sie zu behandeln. Bleiben Sie fern!« Das würden wir ja gerne, wenn wir nicht, verdammt noch mal, irgendwie malade wären! Umso übler geht es uns früh am Morgen.

Zunächst einmal: Suchen Sie sich einen Arzt, der Termine verteilt, anstatt die Leute stundenlang von morgens bis mittags im Sprechzimmer schmoren zu lassen. Lehnen Sie jeden Termin vor elf Uhr ab. Führen Sie dafür allerhand Gründe an, warum Sie vorher verhindert sind (lange Anfahrt, Ihre Arbeitszeiten, keine Parkplätze …). Seien Sie notfalls erfinderisch und behaupten Sie etwa, dass Sie Ihre Kinder erst noch zur Ergotherapie bringen müssen – auch wenn Sie gar keine Kinder haben. Kinder sind ohnehin immer eine optimale Ausrede.

Haben Ihre Ausführungen nicht zum Erfolg geführt, lassen Sie sich einen dieser erbarmungslosen Frühtermine geben. Handelt es sich um eine Routineuntersuchung, dann sagen Sie diesen kurzfristig, am besten wenige Minuten vorher, freundlich ab. Sind Sie wirklich krank, dann geben Sie, wie in allen anderen Situationen, in die Sie Ihre Umwelt vor elf Uhr zwingt, Ihrer schlechten Laune unmittelbaren Ausdruck. Seien Sie einfach das unausgeschlafene wortkarge Ekelpaket, das Sie nun mal morgens aus gutem Grunde sind. Sie werden nach Ihrer Krankenversichertenkarte gefragt? Nesteln, suchen, grummeln und erst finden, wenn sich hinter Ihnen eine Schlange gebildet hat. Man will die Praxisgebühr abkassieren? Behaupten Sie, Sie hätten schon bezahlt – man soll Ihnen erst einmal das Gegenteil beweisen. Seien Sie schwierig und stur. Ihre Krankheit kommt Ihnen hierbei gut zupass, denn wer kann schon nett sein, wenn ihn Zahn-, Kopf-, Magen-, Rücken- oder andere Schmerzen quälen. Und: Immer nuscheln. Man darf Sie auf keinen Fall verstehen. Nur ein Satz darf laut und deutlich vernehmbar sein: »Warum haben Sie eigentlich nur morgens offen, wenn hier so viel Stress ist? Und nicht abends, wenn alle Feierabend haben und niemand in Eile ist? Das wäre für alle besser.« Lassen Sie den Unmut, den diese Forderung unweigerlich auslöst, an sich abperlen – Sie wollen den Krieg gewinnen und nicht nur eine Schlacht. Im Sprechzimmer dann das gleiche Programm: Ungenießbar sein, auf den allgemeinen Stress hinweisen und mit Vorsicht anregen, dass alles viel leichter sein könnte, wenn die Praxis auch mal abends geöffnet wäre.

Tun Sie sich mit anderen lang schlafenden Patienten zusammen. Mahnen und mosern Sie gemeinsam per E-Mail oder abwechselnd telefonisch immer wieder, dass Änderung geboten ist. Gibt Ihr Arzt nach und erweitert seine Sprechstunden bis in den Abend, loben Sie ihn ostentativ und verschaffen Sie ihm als Belohnung neue Patienten, am besten Privatpatienten. Gibt er nicht nach, dann ziehen Sie Ihr Ding noch eine Weile durch und wechseln Sie dann, wenn möglich, zu dem Arzt, den Ihre Langschläfergefährten schon mürbe gemacht haben und vielleicht auch einer von Ihnen ist. Noch besser: Bleiben Sie gesund.

Fallbeispiel 7: Der Frühaufsteher im Staatsdienst

Niemand, der nicht von Haus aus den masochistischen Drang zum frühen Aufstehen verspürt, begibt sich freiwillig in den Staatsdienst. Hier beginnt der Tag nämlich grundsätzlich um acht, was genaugenommen bedeutet: Aufstehen um halb sieben, danach nervige Staus und vollgepackte U-Bahnen. Und das ein Leben lang.

Es könnte dem Langschläfer, tolerant wie er ist, an sich ja egal sein, wie andere ihr Leben gestalten. Leider aber sind die Berührungspunkte zwischen Langschläfern und Frühaufstehern im Staatsdienst so neuralgisch, dass selbst der großmütigste Langschläfer mit der Beamtenspezies über Kreuz kommt. Denn dieser Typus ist nicht nur Frühaufsteher – die Kernschmelze mit seinem Dasein als Staatsdiener potenziert seine Widerwärtigkeit ins Unermessliche. Ist ein Frühaufsteher an sich einfach nur pedantisch, ist der Frühaufsteher im Staatsdienst die kristalline Form des Pedanten. Er ist der König aller Korinthenkacker und kann vor Engstirnigkeit kaum aus den Augen sehen. Am liebsten nimmt er die Langschläfer aufs Korn: Sie sind sein natürlicher Feind, weil sie aus Sicht des Frühaufstehers alles verkörpern, was er hasst: Faulheit, Trägheit, Schlafmützigkeit. Und sie schlafen lang, was sich von selbst verbietet. Er würde sie am liebsten mit strengsten Erziehungsmaßnahmen zur Vernunft prügeln. Aber ihm sind andere Mittel der Schikane gegeben, und die nutzt er aus: Er nötigt dem Langschläfer schon zu nachtschlafender Zeit das Ausfüllen komplizierter Formulare ab, verstrickt ihn bei der Abfrage von Daten in Widersprüche und zieht ihn ohne Gnade für angebliche Fehler zur Rechenschaft. Er mahnt, straft, maßregelt, mindert Beiträge, verschleppt Vorgänge, verhindert Anträge.

Die Fronten sind also klar markiert. Und natürlich dürfte auch hier im Prinzip scharf geschossen werden. Aber tun Sie es besser nicht. Denn bereits Generationen redlicher Bürger haben sich an den Sturköpfen im Staatsdienst die Zähne ausgebissen. Sparen Sie Ihre Kräfte und nutzen Sie sanftere Methoden. Denn der Staat hat ja auch ein Herz für Langschläfer und Öffnungszeiten bis zwölf Uhr. Das heißt für den Langschläfer: Kurz nach Öffnung jedes Amt meiden, kurz vor Schluss die Bude stürmen. Auch hier lohnt es sich, Gleichgesinnte zu aktivieren und in Massen anzutreten. Da Langschläfer in der Überzahl sind, muss man grundsätzlich annehmen, dass, egal wo man auftaucht, sich wenigstens ein ins Frühaufsteherleben gezwungener Langschläfer befindet – selbst im Staatsdienst. Das sind Ihre Freunde! Das sind diejenigen, die letztlich in Ihrer Behörde für Ihre Rechte kämpfen, für neue Öffnungszeiten plädieren und nur eine breite Basis für Ihre Forderungen bekommen, wenn sie über die Bedürfnisse der Bürger, also auch Ihre Bedürfnisse, berichten. Erst wenn den Staatsdienern klar wird, dass gegen Mittag auf dem Amt viel zu viel los ist und deutlich mehr als am Morgen, wird sich auch hier etwas ändern. Übrigens könnte sich Ihre Warte- und Bearbeitungszeit im Vergleich zum Morgentermin auch verkürzen, denn da der Frühaufsteher im Staatsdienst möglichst pünktlich seine Mittagspause antreten will, wird er Sie kurz davor nicht mehr mit komplizierten Fragen triezen.

Nun gibt es leider Langschläfer, die in die missliche Lage geraten sind, Hartz IV zu beziehen, und man muss Kürzungen befürchten, wenn man nicht zu gewissen Zeiten antritt. Aber auch hier gibt es eine Lösung: Wenn Ihnen der anberaumte Termin zu früh erscheint, rufen Sie bei Ihrem Arbeitsvermittler an und bitten Sie darum, an einem Termin erscheinen zu dürfen, der ein paar Tage vor dem ursprünglichen Termin liegt. Und den können Sie dann ohne Weiteres so legen, dass er nicht mit Ihren Schlafgewohnheiten in Konflikt gerät. Bei der Agentur für Arbeit werden Sie nämlich als Kunde behandelt, und der Kunde ist König. Zeigen Sie also eine stolze Haltung und sich von der besten Seite: Sie haben tolle Bewerbungsunterlagen vorzuweisen, sich um viele Termine bemüht und vermitteln Ihrem Sachbearbeiter den Eindruck, dass Sie bald aus den Statistiken verschwinden – eben weil Sie einen Job gefunden haben. Im Idealfall einen, der so spät anfängt, dass Sie darin Ihr volles Talent entfalten können.

Kampf den dummen Sprüchen

Schlaf ist doch die köstlichste Erfindung.
Heinrich Heine

England und Deutschland krähen:
Der frühe Vogel fängt den Wurm.
Na, und? Wer braucht schon Würmer? Spätestens seit den ersten Mutproben auf dem Schulhof ist bekannt: Schmecken nicht und machen ein saures Gefühl in der Speiseröhre, Kotzdrang inklusive. Die Angler unter uns gehen entspannt in den Anglershop, nachdem sie sich ordentlich ausgeschlafen haben, das macht auch eine ruhigere Hand und sorgt für Anglerglück. Kein Wurm ist es wert, dass man für ihn früh aufsteht.

Deutschland dichtet:
Morgenstund hat Gold im Mund.
Was kann der moderne Mensch mit einer derartigen Behauptung anfangen? Sehr richtig: nichts. Der frühe Morgen wird hier offensichtlich als güldene Frohlockung gepriesen; vielleicht wegen des Sonnenaufgangs, vielleicht wegen der im frühen Lichte erstrahlenden Weizenfelder, vielleicht wegen eines verschluckten kostbaren Zahnersatzes am Frühstückstisch– wer weiß das schon ... Das Mit-

telalter ist vorbei, also denkt euch mal was Neues aus, Frühaufsteher.

Russland meint:
Gott hilft denen, die früh aufstehen.
Was für ein absurdes, überholtes Arbeitsethos. Man könnte auch schreiben: »Die Gehilfen des Gutsbesitzers helfen den Leibeigenen mit Gewalt aus dem Bette zu kommen, die am frühen Morgen noch nicht auf seinen Feldern schuften.« Da sich früher die Kirche mit der besitzenden Klasse gegen die Armen verbündete, muss man sich über derlei Unsinn heute freilich nicht wundern. Als hätte Gott nichts Besseres zu tun.

Italien weiß:
Wer schläft, fängt keine Fische.
In seiner Logik unschlagbar. Und auch in jeder anderen Hinsicht. Wer schläft, sündigt nämlich auch nicht. Uns ist das egal: Wir fangen die Fische später, wenn es sein muss, oder gehen gleich an die Kühltheke und holen uns Fischstäbchen.

Indien gibt Hoffnung:
Wenn man zu Gott gelangen könnte, indem man früh aufsteht, hätten die Hähne Gott bestimmt als Erste gefunden.
Derlei Friedliches und Kluges kann nur in einem Land von Generation zu Generation weitervererbt werden, das sich jenseits aller westlichen Hektik mit kostbaren Gewürzen, dem trägen Ganges und bunten Gewändern zu einem Sehnsuchtsmoment für Langschläfer verbindet.

Paris – Zentrum des Eulenuniversums

Wenn der liebe Gott sich im Himmel langweilt,
dann öffnet er das Fenster und betrachtet die Boulevards von Paris.
Heinrich Heine

So wie es unter den Menschen Frühaufsteher und Lang-schläfer gibt, so gibt es diese auch unter den Städten. Un-terhielten sich auf einer illustren Gesellschaft die Städte über ihre Schlafgewohnheiten, so würden sich Jakarta, Kuala Lumpur und Hongkong wohl damit rühmen, die Ers-ten zu sein, die aus den Federn kommen. Das liegt nicht nur daran, dass im Osten die Sonne eher aufgeht, oder an der relativen Nähe dieser Megastädte zum Äquator, sondern auch daran,dass diese Städte aufschließen wollen an die Weltmärkte und den westlichen Wohlstand, und so machte leider auch hier plötzlich die Kunde von der goldenen Mor-genstund die Runde.

Kairo und Bagdad reagieren auf so viel Eifer nur mit ei-nem müden Lächeln – sie würden geltend machen, dass weder Geld noch Arbeit, noch Streben nach Wohlstand sie aus dem Bette ruft, sondern niemand Geringerer als Gott höchstselbst, und dass man deswegen nicht nur früher auf-zustehen bereit sei als alle anderen, sondern dass das auch der würdigste aller Gründe sei.

Dem ist natürlich nichts hinzuzufügen, und die Diskussion um Schlafgewohnheiten wäre jäh beendet, würde nicht mit einem Mal New York in die Runde platzen mit einem: »Ich gehe erst gar nicht ins Bett!« Auch das ist natürlich schwer zu toppen, denn gegen eine Stadt, die 24 Stunden am Tag und sieben Tage in der Woche die Augen geöffnet hat, kann selbst ein ganz früher Vogel nicht ankommen. Da ist immer einer schon oder noch wach, wenn man aufsteht.

Aber soviel Vorsprung löst selbstverständlich nicht nur Bewunderung aus, sondern auch Neid. Hinter vorgehaltener Hand fangen die Städte an zu tuscheln: Jaja, New York, zwar immer wach, aber sei es da nicht auch ziemlich laut? Nicht zuletzt wegen der ewig heulenden Sirenen der Polizeiautos? Das zeige ja wohl, dass nicht nur die guten Menschen rund um die Uhr rührig seien, sondern vor allem die, von denen man sich wünsche, dass sie gar nicht erst in die Gänge kommen. Andere warten mit Statistiken auf: New York sei zwar die Stadt der Superlative, jedoch leider auch bei den Negativstatistiken: Herzinfarkte, Tablettensucht, Paranoia ... Jetzt trauen sich noch andere in die Offensive: Hat nicht eigentlich genau dieses Nicht-inne-halten-Können zur Überhitzung der Börsen geführt? Ist New York nicht Schuld am Börsencrash? An der weltweiten Wirtschaftskrise? Hat es nicht Millionen von Menschen in die Pleite, die Verzweiflung und auch einige in den Tod getrieben?

Und dann schlägt die Stunde von Paris. Denn Paris schläft lang! Und zwar schon immer! Aus Prinzip!

Nun wird auch hier hinter dem Rücken getuschelt: In Paris, so das blitzblanke Dubai, da sei es ja in den Ecken nicht gar so sauber – zumal wenn man an das historische Paris von vor der Revolution denke, an den Gestank von Mist, Fäule, Rattendreck, angebranntem Fett und verschimmeltem Brot, an Fischabfälle und feuchte Lumpen und an den Geruch von Verwesung und Tod, der von den Friedhöfen aus durch die verwinkelten Gassen wehte. Ekelhaft sei das gewesen damals und nicht zum aushalten – aber eben auch typisch für notorische Langschläfer.

»Und was das alles kostet«, mischt sich das kapitalistische Washington ein. Schon Benjamin Franklin, Erfinder des Bonmots »Zeit ist Geld«, sei ja seinerzeit, als er anno 1784 in Frankreichs Hauptstadt zu Gast war, diese Gewohnheit, sich auszuschlafen, erzürnt gewesen und er habe deshalb den Pariser Bürgern mal vorgerechnet, was diese Unsitte koste. In 183 Sommernächten verbrächten sie satte 128 100 000 Stunden bei Kerzenschein und verbrauchten dabei 64 Millionen Pfund Wachs und Talg – Rohstoffe im Wert von 96 Millionen Livre: »Eine immense Summe! Die die Stadt Paris jedes Jahr sparen könnte, indem sie Tageslicht statt Kerzen benutzt«[39], belehrte Franklin die Pariser Bürger. »Ihr Leser, die ihr wie ich noch nie vor Mittag die Sonne gesehen habt, werdet erstaunt sein zu hören, wie früh sie aufgeht, vor allem wenn ich Ihnen versichere, dass sie Licht gibt, sobald sie aufgegangen ist. Ich sah es mit eigenen Augen.«[40] Seine nicht ganz ernstgemeinten Vorschläge, diese Pariser Verschlafenheit abzuändern, klangen drastisch: Strafsteuern auf Fensterläden, Straßensperren nach Sonnenuntergang, strenge Rationen für Kerzen und, falls dies alles nicht nütze, Kanonenfeuer und Glockengeläut gleich nach Sonnenaufgang!

»Damit sich die Augen der Langschläfer öffnen und sie ihren eigenen Vorteil erkennen.«[41]

Solch einen strikten Kurs finden die meisten Städte dann doch zu radikal, zumal sich in der Runde auch die eine oder andere Nachteule befindet, die nach außen hin den schönen Schein wahrt, aber insgeheim Paris um sein Laisserfaire beneidet. In dieses klammheimliche Wohlwollen würde Paris dann einstreuen, dass es zu der Zeit, als Franklin zu Gast war, tatsächlich lang geschlafen habe, allerdings nicht besonders viel. Denn es habe in den Nächten etwas getan, wozu keine der anderen europäischen Städte in der Lage war: eine Revolution und die Abschaffung des Adels vorzubereiten und zu vollenden. Revolution, das hieß, an der königlichen Zensur vorbei Versammlungen einzuberufen, Salons zu halten, Pamphlete zu drucken und Forderungen zu ersinnen – und dies gerne auch nachts. Das Ergebnis sei bekannt und auch der Grund, warum man heute so nett und in illustrer Runde zusammenstehen könne.

Nach diesem Plädoyer in eigener Sache wird Paris ein paar Flaschen Champagner ordern und den gemütlichen Teil des Abends einleiten. Und dann, wenn sich die frühen Vögel einer nach dem anderen mit betriebsamen Entschuldigungen wie »Muss früh raus« (London) und »Hab morgen viel zu tun« (Hongkong) verabschiedet haben und schließlich nur noch das nimmermüde New York, das nachtaktive Paris und das ohnehin entschleunigte Berlin beieinanderstehen, würde die US-Metropole Paris gestehen: »Sie waren mir gleich sympathisch! Nur gut, dass Sie die Vorschläge unseres Präsidenten nicht ernstgenommen haben.«

Was hilft, wenn man trotz allem früh aufstehen muss

Wer zu spät zu Bett geht und früh heraus muss, weiß,
woher das Wort Morgengrauen kommt.
Robert Lembke

In diesem Kapitel erfahren Sie, was Sie tun können, wenn sich an den Arbeitszeiten nicht rütteln lässt oder Ihre Kinder Sie um den wohlverdienten Schlaf bringen. Sie können an Ihrer inneren Uhr drehen (oder es zumindest einmal probieren). Denn Schlafenszeit und Aufwachzeit werden von bestimmten Zeitgebern getaktet (dazu mehr im Interview mit Till Roenneberg ab Seite 59). Gönnen Sie sich etwa bei einem Spaziergang oder einer Radtour zur Arbeit eine Extraportion Licht und Bewegung. Statten Sie Ihr Schlafzimmerfenster mit blickdichten Rollos und Ihre Wohnung mit bunten Farben aus. Oder legen Sie sich in der Mittagspause, statt mit den Kollegen nach dem Essen noch ein Schwätzchen zu halten, einfach ein paar Minuten aufs Ohr und vermeiden Sie es, abends noch Sonne zu tanken, den Kreislauf beim Sport noch einmal hochzujagen oder sich eine dicke Mahlzeit aufzutischen. Mit diesen Maßnahmen kann es gelingen, die innere Uhr umzustellen und sich damit ein wenig an die brutalen Bedingungen des Frühaufsteherlebens anzupassen.

Dabei gilt es natürlich, den inneren Schweinehund zu überwinden. Denn für Eulen, die ihren Tag-Nacht-Rhythmus um einige Zeit nach vorne verschieben wollen, gilt: Morgens Gas geben, abends runterschalten!

Eine harte Ansage, aber es kann sich für einige lohnen. Auch weil es einem die Chance eröffnet, ohne lebensentscheidende Veränderungen seinen Alltag angenehmer und möglicherweise auch anders zu gestalten. Denn Eulen sind ja offener für neue Ideen und Experimente – so gesehen unter Umständen auch für die Reize des Frühaufstehens. Vielleicht sind Eulen sogar die besseren Lerchen, wenn es sein muss …

Schlafen Sie bei jeder Gelegenheit

Zu den noch eher schwächeren Maßnahmen gehört das Powernapping, die trendigere Variante des guten alten Mittagsschlafs. »Wer schläft, sündigt nicht«, sagt ein altes Sprichwort – aber wer traut sich schon, während der Arbeitszeit ein Nickerchen zu halten, ohne die Tür des Büros hinter sich zu verriegeln oder sich heimlich zum Auto zu schleichen, um dort auf der Rückbank ins Reich der Träume abzurutschen. Denn in einer Arbeitskultur, in der permanente körperliche und geistige Präsenz gefordert wird, in der man mit rühriger Aktivität die Chefs beeindruckt, eine Maskerade des Gut-Drauf-Seins die Karriere befördert und in der in endlosen Brainstormings Geistesblitze einschlagen müssen wie bei einem Sommergewitter, gilt ein müder Mensch als träge, trüb und tatenlos.

Initiativen für mehr Mittagsschlaf gehen deshalb immer noch in Spott und Häme unter. Frank Käthler, Sprecher der niedersächsischen Stadtkommune Vechta, berichtet über die Bösartigkeit, mit der die Kommune besonders vom Privatfernsehen angegangen wurde, nachdem sie den Mitarbeitern ermöglicht hatte, zusätzlich zu der 30-minütigen Mittagspause noch für 20 Minuten eine Schlafmatte im Büro auszurollen: »Für die war das ein gefundenes Fressen.«[42] Schlafende Beamte zwischen Akten und Ordnern – es war die Wiederbelebung des deutschen Michels, dem Prototyp des verschnarchten Staatsdieners, der, durch lebenslange Anstellung gesichert, sich einen feuchten Dreck um die Belange der Bürger kümmert. Selbst die Beamten fürchteten um ihr Ansehen. Der Beamtenbund Sachsens verklagte den Stadtdirektor, der dieses Projekt initiiert hatte, sogar auf Rufschädigung.

Dabei verrieten die Zahlen das Gegenteil. In keiner anderen Kommune wird vergleichsweise so viel Arbeit von so wenig Personal erledigt, der Krankenstand liegt deutlich unter dem Durchschnitt, der Zufriedenheitspegel dafür weit darüber.

»Powernapping« heißt der Schlüssel zu mehr Wohlbefinden, aber auch Produktivität. Das Wort leitet sich vom englischen »Power«, das für »Kraft« oder »Energie« steht, und von »nap« für »Nickerchen« ab. Damit wird ein Kurzschlaf bezeichnet, der außerhalb der nächtlichen Hauptschlafphase, meist am Nachmittag, gehalten wird. Alteingeführte Begriffe wie »Mittagsschlaf« oder »Siesta« sind nicht ganz das gleiche, denn ein »Powernap« ist kurz. Er dauert maximal dreißig Minuten, während zum Beispiel eine klassische

Siesta in südeuropäischen Ländern die Stunden über-brückt, in denen die Hitze der Mittagssonne Körper, Geist und Sinne lähmt.

In der Kürze liegt die Würze. Das haben mehrere Schlaf-studien renommierter Institute belegt. Die Medizinerin Clare Anderson, Professorin der britischen Loughborough-Universität, hat die Wirkung von Mitteln untersucht, mit denen das Leistungsloch, in das die meisten Menschen zwi-schen 13 und 14 Uhr fallen, gewöhnlich bekämpft wird. Ihr Ergebnis lautet: Gegen das Biorhythmustief mit aller An-strengung anzukämpfen bringt nichts. Mit Kaffee lässt sich die Ermattung zwar vertreiben, seine sofort einsetzende auf-putschende Wirkung verfliegt aber nach zwei Stunden – mit dem Effekt, dass man sich danach noch müder fühlt als zuvor. Ein Kurzschlaf wirkt laut Anderson hingegen bei Testpersonen nachhaltiger als eine Tasse Kaffee: »Wir ha-ben herausgefunden, dass ein Nickerchen wesentlich effek-tiver ist ... Die Verbesserung ihres Zustandes war stark, trat sofort ein und hielt bis zu einem Test an, den wir um 19.45 Uhr angesetzt haben.«[43]

Ein Ergebnis, das auch durch eine Studie der NASA be-stätigt wird. Im Auftrag der US-Raumfahrtbehörde unter-suchte die medizinische Fakultät der Universität Pennsylva-nia unter der Leitung von David Dinges die Auswirkungen des Kurzschlafs.[44] Dabei wurden verschiedene Vergleichs-gruppen diversen Wissens-, Konzentrations-, Reaktions- und Aufmerksamkeitstests unterzogen. Es zeigte sich, dass diejenigen, denen es erlaubt war, mittags ihre Batterien mit einem Schläfchen aufzuladen, deutlich mehr leisten konn-ten als die Vergleichsgruppe: Die Reaktionsgeschwindigkeit war um 16 Prozent höher als bei der Vergleichsgruppe, die Fehler, die aufgrund mangelnder Aufmerksamkeit unterliefen, konnten um 30 Prozent gemindert werden, und die Fähigkeit, in Entscheidungssituationen richtig zu handeln, erhöhte sich sogar um 35 Prozent. Seitdem wird auch bei der NASA mittags geschlafen.

Dass ein kleiner Schlummer am Mittag nicht nur im All, sondern auch auf der Erde hilft, um die Energiereserven aufzufüllen, bezeugt zudem eine Studie des Forscherteams um Alan Hobson, Robert Stickgold und Sara Mednick von der Harvard-Universität. Sie fanden heraus, dass man mit einem Powernap nicht nur das Mittagstief nach dem Mittagessen überwinden, sondern sich auch über Frustrationen, Überforderung und Irritationen durch die tägliche Informationsflut hinwegretten kann, weil der Schlaf die Nerven stärkt. In den meisten Fällen war es sogar so, dass die Testpersonen danach genauso ausgeruht und frisch waren wie zu Beginn des Tages.[45] Eine Erfahrung, die auch der ehemalige britische Premierminister Winston Churchill bekundete, der jeden Tag im Pyjama einen Mittagsschlaf abhielt: »Zwischen Mittagessen und Abendessen muss man schlafen, denken Sie bloß nicht, dass sie weniger Arbeit schaffen, wenn Sie am Tag schlafen. Das ist eine dumme Idee von Leuten ohne Vorstellungsvermögen. Sie werden sogar mehr bewerkstelligen. Sie bekommen zwei Tage in einem – nun, mindestens eineinhalb, da bin ich mir sicher.«[46]

Dennoch machen sich die Kraft des Mittagsschlafs hierzulande erst wenige Firmen zunutze. Die Angst, als verschlafen zu gelten, ist unter Arbeitnehmern hoch. Das weiß auch Mario Filoxenidis sehr gut. Mit seiner Wiener Firma

Siesta-Consulting berät er Firmen, die ihren Angestellten die Möglichkeit bieten wollen, sich mittags aufs Ohr zu hauen. Seine Kunden findet er insbesondere in der sogenannten Kreativbranche, bei kleineren Unternehmen, die in der Werbung, der IT-Branche oder der Kommunikationsbranche tätig sind und international operieren müssen. Aber Namen darf er keine nennen, denn »die Firmen haben Angst um ihren guten Ruf.«[47] Die Angestellten anscheinend ebenso: Beim ADAC gibt es nur zehn Liegen für 2500 Mitarbeiter, im Forschungszentrum des Münchener Autoriesen BMW gibt es für rund 7000 Mitarbeiter sogar nur zwei – und diese werden, so BMW-Pressesprecherin Heike Stegert, »wenig genutzt.«[48] Eine ähnliche Zurückhaltung zeigt sich beim Chemiekonzern BASF. Die Unternehmensleitung lud die Mitarbeiter der Standorte Ludwigshafen und Limburgerhof zu Powernappingkursen ein. Von den rund 345 000 Mitarbeitern nahmen lediglich 300 das Angebot wahr. Die Befürchtung, als Schlafmütze zu gelten, war offenbar höher als der Wunsch, neue Entspannungstechniken zu lernen.

Insgeheim freilich scheint die Bedürfnislage eine andere zu sein. In einer Studie zur Produktivität, die an der Universität Krefeld erarbeitet wurde, gaben vier von fünf Befragten an, ihre Mittagspause am liebsten zu verschlafen. Kaffeetrinken (16 Prozent), einmal um den Block gehen (12 Prozent) und ein Schwätzchen mit den Kollegen halten (11 Prozent) lagen weit dahinter.

Das Thema Mittagsschlaf ist in Deutschland also ein schwieriges – sowohl Arbeitnehmer als auch Arbeitgeber fürchten sich vor Imageverlust. Jürgen Zulley, Leiter des Schlafmedizinischen Zentrums der Universität Regensburg und Verfechter des kurzen Mittagsschlafs, vermutet, dass dieser in Deutschland als eine Art Arbeitsverweigerung angesehen wird.[49] Wie sehr man um seinen guten Ruf fürchtet, zeigt die verschleiernde Wortwahl, mit der den Mitarbeitern zuweilen doch ein Schläfchen zugestanden wird. Beim IT-Riesen IBM in Stuttgart spricht man von einem »Well-being-Konzept«, beim Softwaregiganten SAP vom »Work-Life-Management«, beim Callcenter der Bausparkasse Schwäbisch Hall und bei Unilever in Hamburg immerhin deutsch von »Ruheräumen«.

Weniger Albträume ob eines verschlafenen Images haben die Unternehmen in den USA. Schon immer Vorreiter für Wellness- und Fitnesstrends und interessiert an allem, was das Bruttosozialprodukt steigert, gehört es in vielen Firmen bereits zum Standard, den Mitarbeitern Ruheräume einzurichten, in denen bequeme Liegen und heruntergelassene Rollos zu einem Nickerchen einladen. An der Wall Street oder am Flughafen in Vancouver steigen gestresste Manager und Mangerinnen sogar in kokonartige Kugelsessel, die nach dem Einstieg individuell geneigt werden können, so dass der Rücken entlastet wird. Die Innenpolsterung ist dunkel, eine Blende schirmt vor neugierigen Blicken ab und plätschernde Musik sorgt für Entspannung. Geweckt wird man durch ein sanftes Vibrieren.

Vorausblickend in Sachen Schlaf und Leistung ist man hierzulande nur in wenigen Unternehmen – allen voran bei der Lufthansa. Schließlich ist nicht nur das Bodenpersonal mit stressigen Schichtdiensten konfrontiert, sondern auch die Bordcrew mit den Auswirkungen des Jetlags. Wenn die großen Maschinen über den Atlantik oder nach Asien fliegen, driften nicht nur die Fluggäste ins Reich der Träume ab, sondern auch die Pilotinnen und Piloten. Damit alles an Bord unter Kontrolle bleibt, wird nach einem ausgeklügelten Wechselsystem geschlafen/geruht. Doch was Gästen im Cockpit Furcht einflößt, sollte in Wahrheit ihre Gemüter besänftigen. Denn das strategische Schläfchen zielt darauf ab, Fehler, die durch Müdigkeit entstehen, zu vermeiden. Ein intelligentes »Fatigue Risk Management« – so die korrekte Bezeichnung – gegen menschliches Versagen.

Soweit die Theorie. Doch was können Sie tun, damit auch Sie vom Schlafintermezzo profitieren? Hier ein paar praxiserprobte Tipps für ein ausgeschlafenes Leben:

- *Nur zu.* Vergessen Sie Ihr schlechtes Gewissen! Wer mittags schläft, sollte sich nicht mehr verstecken. Wenn schon die US-Weltraumbehörde auf ausgeschlafene Mitarbeiter setzt, müssen Sie sich von ihren Kollegen nicht als Schlafmütze beleidigen lassen. Denken Sie daran: Sie sind Avantgarde und die anderen nur schnöde Ignoranten. Mit Powernapping können B-Typen, wie Eulen in der Fachwelt genannt werden, die ihr Leben in einem permanenten Jetlag verbringen, gezielt den Schlaf nachholen, der ihnen morgens geraubt worden ist. Machen Sie sich frei von inneren Zwängen und lassen Sie Häme an sich abperlen oder kontern Sie mit lässigen Repliken. Denn gerade A-Typen, wie Frühaufsteher in der Forschung bezeichnet werden, arbeiten ab Mittag nur noch auf den Feierabend hin, weil bei ihnen die Leistungskurve rapide abfällt. Zu diesem Zeitpunkt sind Eulen ohnehin bereits im Vorteil – und mit einer Mütze Schlaf gedopte Eulen erst recht.

- *Wer?* Grundsätzlich gilt: Powernapping gibt allen Menschen verbrauchte Energie sofort zurück. Das wussten schon große Geister: Winston Churchill zog sich, wie erwähnt, mittags im Pyjama vom politischen Tagesgeschäft zurück. Johannes Brahms ließ seine Feder und Leonardo da Vinci seine Pinsel ruhen, um ein Mittagsschläfchen einzulegen. Napoleon Bonaparte tankte seinen Akku selbst mitten im Schlachtengetümmel kurz auf seinem Feldbett auf, um anschließend die nächste Attacke zu reiten. Allerdings zeigen Erfahrungswerte, dass ausgerechnet Personen, die besonders unter Druck stehen, nur schwer abschalten können, eben weil der Körper es gewohnt ist, permanent auf Hochtouren zu laufen. Da hilft nur langsames Eingewöhnen und behutsames Training. Sowohl A-Typen (Lerchen) als auch B-Typen (Eulen) profitieren von einem Schläfchen am Mittag: A-Typen machen sich fit für die zweite Tageshälfte, B-Typen holen das Schlafdefizit der Nacht auf. Selbst für Menschen, die unter Schlafstörungen leiden, kann ein Powernap hilfreich sein, auch wenn das widersprüchlich klingt und in vielen Ratgebern ausdrücklich vor einem Mittagsschlaf gewarnt wird. Schlafforscher haben jedoch beobachtet, dass Personen, die am Tag für ein paar Minuten ins Reich der Träume abdriften, ihre Einschlafprobleme leichter überwinden können, denn sie trainieren mit dem Interimsschlaf das Loslassen und Entspannen. Natürlich kann ein Powernap den langen Nachtschlaf nicht ersetzen. Nur in den langen Tiefschlafphasen können sich Körper, Geist und Seele vollständig regenerieren. Wer also öfter die Nacht zum Tag macht, der sollte darauf achten, dass er bis mittags schläft. Sonst drohen gesundheitliche Schäden.

- *Wie lang?* Ein mittägliches Schlafintermezzo sollte ungefähr eine halbe Stunde, höchstens aber 40 Minuten dauern. Denn wer länger schläft, riskiert nicht nur, dass Kreislauf- und Körperfunktionen völlig runterfahren und nur mit viel Mühe wieder auf Touren gebracht werden können, sondern auch Ärger mit dem Chef, weil man die Arbeitszeit wortwörtlich verpennt. »Im Grunde genügen 15 Minuten zur Regeneration«, meint Jürgen Zulley, denn »womöglich ist der Einschlafprozess das eigentlich Erholsame.«[50] Aber auch einfach mal die Augen schließen und Abschalten hilft, um sich für die Anforderungen des Arbeitsalltags zu stärken. Siesta-Consultant Filoxenidis rät Nickerchen-Neulingen, sich einen Wecker zu stellen oder sich einen altbekannten Fernfahrertrick zunutze zu machen: den Kopf statt aufs Lenkrad einfach auf die Tischplatte legen und dabei die Arme baumeln lassen. Wenn sich das Blut in den Händen staut, wacht man automatisch auf.

- *Wann?* Sowohl bei A-Typen als auch bei B-Typen geht nach dem Mittagessen die Leistungskurve in den Keller. In der Umgangssprache heißt dieses Tief nicht umsonst »Suppen-Koma«. Es bietet sich also an, nach dem Essen auf einen Schwatz am Kantinentisch zu verzichten und stattdessen bei einem Powernap Energie für den Nachmittag zu tanken. Nach einer kurzen Nacht hilft auch ein Neustart durch ein Nickerchen um zehn Uhr – wenn die

Kollegen in die Raucherpause verschwinden. Wer für Familie und Freunde frisch sein möchte, legt sich zu Hause für eine Viertelstunde hin. Mittagsschläfer können übrigens die Wirkung von Koffein und Schläfchen geschickt miteinander kombinieren, indem sie vor dem Einschlafen einen Espresso, Cappuccino oder grünen Tee trinken. Da das Koffein erst nach 20 Minuten wirkt, hilft es, die kurze Trägheit nach dem Aufwachen zu überbrücken.

- *Wo?* Powernapping funktioniert im Grunde überall, wo man es sich erlaubt. Manche ziehen sich gerne kurz in eine Toilettenkabine zurück, andere schleichen sich in ihr Auto und lehnen sich dort, wie die erwähnten Fernfahrer, über das Lenkrad. Eine andere Methode ist die, seinen Kopf einfach auf die Tischplatte zu legen. In Japan ist es sogar üblich, ein Kissen unter dem Kopf zu platzieren. Wichtig ist es, für eine ungestörte Umgebung zu sorgen. Das heißt: Telefon, Blackberry oder iPhone ausstellen. Hilfreich sind einlullende Musik oder monotone Geräusche von Wellen, Wind oder Wasser, die man vom Rechner abspielen lassen kann.

Am besten ruhig und dunkel

Grundsätzlich gilt für jeden, der noch schlafen will, wenn der Rest der Menschheit bereits erwacht ist, seine Wohnung sorgsam auszuwählen. Als ungeeignet erweist sich dabei ein Zuhause in der Nähe von stark befahrenen Straßen oder großen Supermärkten, die ab sieben Uhr ihre Warenlieferungen erhalten. Und trotz aller Liebe für den Nachwuchs: Auch Kindergärten können in dieser Hinsicht störend sein. Wie die Nachbarn ticken, kann man bei der Besichtigung einer Wohnung nur teilweise klären. Man sollte sich auf jeden Fall beim Vermieter erkundigen, ob die zukünftigen Nachbarn kläffende Hunde halten oder gar Posaune üben.

Je weniger Wohnungen an die Ihrige angrenzen, desto besser. Die Münchener Moderatorin Tina Kaiser, die durch diverse Nachtformate im Fernsehen führt und berufsbedingt oft erst gegen vier Uhr morgens nach Hause kommt, empfiehlt das Dachgeschoss – kein Wunder, denn da trampelt wenigstens niemand über ihrem Kopf herum.

Der beste und individuell bestimmbare Schutz gegen Lärm sind Ohrstöpsel, ganz gleich ob aus Wachs oder Silikon. Denn ob ein brummender Kühlschrank, nervige Nachbarn, eine gluckernde Heizung oder das Schnarchen des Partners – nichts beeinträchtigt einen gesunden Schlaf mehr als Lärm. Nun erleben sich viele Menschen als hilflos, wenn sie mit Ohrstöpseln schlafen sollen, da sie glauben, bei Gefahr keine Kontrolle über die Situation zu haben – ein Reflex aus der Urzeit, der in der modernen Welt nicht mehr angebracht ist. Denn weder Tiger noch Löwen haben uns in der Stadt auf ihrem Speisezettel, und Mammuts waren ohnehin Vegetarier. Und keine Sorge, die wirklich wichtigen und entsprechend eindringlichen Signale – Telefonanrufe, Alarmsirenen und auch der Wecker – dringen auch durch die Stöpsel ans Ohr.

Aber nicht nur Lärm, auch Licht stört die Nachtruhe. Das Einschlafen wird zur Qual, wenn Reflexionen von Straßenbeleuchtung, Leuchtreklamen, Flutlichtern oder gar Skybeamern, die tanzende Kegel in den Himmel projizieren, durch die Fenster dringen. »Lichtverschmutzung« nennt man die optische Aufhellung der natürlichen nächtlichen Dunkelheit durch elektrische Lichtquellen, ein gesundheitsschädigender Seiteneffekt der Industrialisierung, der nicht nur Auswirkungen auf den Tag-Nacht-Rhythmus der Menschen, sondern auch auf den Hormonhaushalt hat. Im Jahr 2008 konnte ein israelisches Forscherteam etwa eine Wechselwirkung zwischen der Stärke nächtlicher Kunstbeleuchtung und dem Risiko von Brustkrebserkrankungen feststellen.

Statten Sie also Ihr Schlafzimmer mit dicken Vorhängen, blickdichten Rollos oder Außenjalousien aus. Wen die wuchtigen Gardinen zu sehr an Omas muffige Wohnung erinnern, kann sich mit einer Schlafbrille behelfen. Sie garantiert nicht nur blickdichte Träume, sondern verleiht – allerdings nur Frauen! – den zauberhaften Charme einer Audrey Hepburn in *Frühstück bei Tiffany*.

Tagsüber hingegen benötigt der Langschläfer, der erst weit nach Sonnenaufgang aufsteht, eine lichte Umgebung. Gegen Gemütsverstimmungen, die auf einem Mangel an Sonnenlicht beruhen, hilft eine helle, freundliche Umgebung. Anhänger der Lichttherapie gehen dabei davon aus, dass bestimmte Farben auf die menschliche Psyche einwirken und diese auch verändern können. Christa Muths, die in ihren Büchern die Farben als Schlüssel zur Seele beschreibt, empfiehlt Orange. »Orange ist eine ›soziale‹ Farbe, die Freude, Spaß, Offenheit und Freude an Geselligkeit ausdrückt.«[51] Lilli Eberhard rät wiederum zu gelben Räumen. Die Wissenschaftlerin, die sich 50 Jahre lang in der Farb-

und Lichtforschung verdient gemacht hat, erwähnt zudem den Effekt, den getöntes Licht auf die Tierwelt hat. In Untersuchungen, in denen die Brutstätten der Hühner mit gelbem Licht bestrahlt wurden, legten diese mehr Eier.

Nun ist man als Langschläfer ja zum Glück nicht gezwungen, Eier zu legen. Es reicht schon, wenn man morgens aus den Federn kommt und dabei einigermaßen gute Laune behält. Helle Kissen, farbenfrohe Bilder an der Wand oder ein Strauß bunter Blumen können helfen, die Lust aufs tägliche Leben zu steigern. Vor allem, wenn der Frühaufsteherpartner die Blumen zusammen mit den Frühstückscroissants besorgt ...

Tanken Sie täglich Licht

Licht an, Licht aus – da der Tag-Nacht-Wechsel eng mit den natürlichen Dunkel- und Hellphasen verbunden ist, hilft nichts besser als Licht, um am Zeiger der inneren Uhr zu drehen. Licht wird von der Wissenschaft nicht zufällig auch als »Zeitgeber« bezeichnet, denn es taktet neben anderen Faktoren die Rhythmen der Natur und hilft, die innere Uhr zu stellen.

Was passiert, wenn gar kein Licht leuchtet, hatten die deutschen Physiologen Jürgen Aschoff und Rütger Wever in dem bereits erwähnten Bunkerexperiment Mitte der 60er Jahre erforscht und dabei festgestellt, dass die meisten Menschen einen inneren 25-Stunden–Rhythmus besitzen. Wie gelingt es dem Menschen also, sich an die 24-Stunden-Phase der Erdrotation anzupassen? Die Antwort lautet:

durch das Tageslicht. Die im Bunker vorhandenen Glüh-
birnen waren mit ihren höchstens 500 Lux zu schummrig,
um den Tag-Nacht-Rhythmus zu beeinflussen. Deshalb
lief die innere Uhr der Versuchspersonen in ihrem natürlichen 25-Stunden-Rhythmus. Erst ab 2000 Lux synchronisiert sich der menschliche Körper mit dem 24-Stunden-
Tag der Erde.

Wer also an der inneren Uhr drehen will, sollte seinem
Gehirn und Körper die passenden Signale liefern, um sich
dem jeweiligen gewünschten Rhythmus anzupassen. Die
Faustregel lautet: Wer die Uhr – wie etwa Eulen – um eine
oder gar ein paar Stunden vorstellen möchte, der sollte
gleich nach dem Aufstehen Licht tanken, denn dann tickt
die innere Uhr schneller. Entweder läuft man zur Arbeit
oder schwingt sich auf's Fahrrad.

Wichtig bei allen sportlichen Aktivitäten ist, dass man sie
an der frischen Luft ausübt. Eine Sonderstellung hat dabei
das morgendliche Joggen. Man bekommt dadurch nicht nur
eine Extraportion Sonne, die einem hilft, in den Tag zu kommen, sondern durchläuft quasi ein allumfassendes Gesund-
heitsprogramm. Einer Langzeitstudie des britischen Stan-
ford University Medical Centers mit 500 Läufern zufolge
mindert regelmäßiges Laufen den Alterungsprozess und
das Risiko, an Krebs zu erkranken. Es belebt außerdem die
Hirnfunktionen, beugt Knochenschwund vor und hilft, die
Figur zu halten. Zudem regt es die Ausschüttung von körpereigenen Endorphinen und Serotonin an, die die Stim-
mung aufhellen und gute Laune machen.

Abends hingegen sollten Eulen, die vorhaben, ihre innere Uhr zu beschleunigen, körperliche Anstrengung meiden.

Denn da schlägt der gewünschte Effekt ins Gegenteil um: Man ist aufgeputscht und kommt nicht ins Bett.

Eine weitere, etwas kostspieligere Methode wäre, das Frühstück unter einer Tageslichtlampe einzunehmen. Diese Methode hilft besonders im Winter, wenn sich der Sonnenaufgang bis in die späten Morgenstunden verschiebt, auch über das saisonale Stimmungstief hinweg, von dem viele heimgesucht werden. Tageslichtlampen imitieren das Lichtspektrum des natürlichen Sonnenlichtes und stammen, wen wundert's, aus dem von kurzen Wintertagen geplagten Skandinavien.

Abends heißt es für Eulen dann: Rollos runter! Mit der Dunkelheit empfängt der Körper das einschläfernde Nachtsignal. Wer sich als Langschläfer im Sommer abends draußen aufhält, sollte also unbedingt eine Sonnenbrille aufsetzen.

Treiben Sie Ihren Melatonin-Spiegel in die Höhe

Eulen ticken langsamer als Lerchen. Ihr Tag-Nacht-Rhythmus schickt sie später zu Bett und lässt sie auch länger darin liegen bleiben, wenn sie dürfen. Die meisten freilich reißt morgens der Wecker aus dem Schlaf. Das bedeutet, dass sie den ganzen Tag unter Stress stehen. Forscher der Londoner Westminster-Universität wiesen bei Testpersonen, die vor 7.20 Uhr aufstehen mussten, bedeutend höhere Werte des Stresshormons Cortisol nach als bei Langschläfern. Dem entgegenwirken könnten Eulen, indem sie früher zu Bett gingen. Ihre Tragik ist jedoch, dass sie nach der *Tagesschau* einfach noch nicht müde sind und ihre Lider erst nach Mitternacht schwer werden. Das körperliche Problem ist Folgendes: Langschläfern fehlt zu diesem Zeitpunkt noch das Schlafhormon Melatonin, das die Müdigkeit verstärkt und einen in die Federn treibt. »Mela« kommt aus dem Altgriechischen und bedeutet »schwarz«, Melatonin bedeutet also soviel wie »Schwarzmacher«. Experten bezeichnen es auch als den chemischen Ausdruck der Dunkelheit. Wenn der Körper das Melatoninsignal erhält, schaltet er auf Nachtbetrieb um: Die Körpertemperatur fährt herunter, das Hirn mäßigt seine Aktivität auf ein Mindestmaß und meldet: Ab in die Falle!

Die Produktion von Melatonin ist eng mit dem Tag-Nacht-Rhythmus und dem Sonnenlicht verknüpft. Fällt Licht ins Auge, wird die Melatoninproduktion eingestellt; bleibt die Sonneneinwirkung aus, wird das Hormon freigegeben und kann seine einschläfernde Wirkung entfalten. Gerät dieser Rhythmus aus dem Takt, kann eine kleine Menge Melatonin in Tablettenform wieder Gleichklang herstellen – Globetrotter etwa können damit ihren Jetlag in den Griff bekommen, auch Schichtarbeiter können ihren durcheinandergebrachten Rhythmus damit wieder ausgleichen. Im Winter, wenn die Menschen in den gemäßigten Breitengraden wegen des Mangels an Sonne an der sogenannten saisonal abhängigen Depression, vulgo Winterdepression, leiden, hilft der natürliche Schlafwirkstoff ebenso. Eine Zusatzdosis bringt sozusagen das Melatonin-Fass endlich zum Überlaufen – und den Menschen damit zum Einschlafen.

Extreme Langschläfer sind in einer ähnlichen Situation;

vielleicht wirken sie auch deswegen auf andere träge, abge-schlafft und energielos oder fühlen sich selbst so. Dadurch, dass sie meist erst aufstehen, wenn die Sonne lange aufge-gangen ist, haben sie unterm Strich zu wenig lichte Stun-den am Tag, zumal, wenn sie einem Bürojob nachgehen, der sie in die ewige Dämmerung zwingt. Denn Kunstlicht macht zwar unabhängig vom natürlichen Tag-und-Nacht-Wechsel, verdammt einen aber zu einer Existenz im biologi-schen Dunkel. Das heißt, auch beim Langschläfer bleibt der Melatoninpegel dann auf einem hohen Stand. Der Wechsel zwischen Tag und Nacht ist aus dem Takt. Der Schlafimpuls kann durch eine Zusatzdosis des Hormons ausgelöst wer-den, das dann die ersehnte Nachtruhe bringt.

In den USA, wo Melatonin als Nahrungsergänzungs-mittel frei verkäuflich ist, werden dem Stoff zusätzlich ver-schiedene (Wunder-) Wirkungen zugesprochen: Angeblich regt er das Immunsystem dazu an, sogenannte »freie Radi-kale« zu bekämpfen und damit Oxidationsschäden in den Zellen entgegenzuwirken; er verlangsamt den Alterungs-prozess, verhindert Haarausfall, schützt vor Schlaganfall und beugt sogar Krebs vor. 1995 gingen im sonnendurch-fluteten (!) Kalifornien mehr Melatonin- als Aspirin-Packun-gen über den Tresen.

Die Nebenwirkungen dieses Wundermittels allerdings sind noch weitgehend unerforscht, Langzeitstudien liegen noch nicht vor. In Deutschland ist Melatonin ohnehin verschreibungspflichtig, und auch wenn man sich eine Packung als Souvenir aus den USA mitgebracht hat, ist in jedem Fall der Rat des Apothekers oder Arztes gefragt.

Legale Drogen zur Beruhigung oder Stimmungsmache

Wie Melatonin kann auch Johanniskraut dem Langschläfer, zumindest dem der gemäßigten Sorte, dabei helfen, seinen Tag-Nacht-Rhythmus ein wenig mit den misslichen Vorgaben der Umwelt in Einklang zu bringen. Das Heilkraut gibt es in Drogerien und Supermärkten zur inneren Anwendung als Dragee, Tablette, Kapsel oder Tee sowie zur äußerlichen Anwendung als Öl. Höhere Dosierungen sind apothekenpflichtig, und die Einnahme ist, wie bei Melatonin, am besten mit dem Arzt abzusprechen, denn es könnte zu Wechselwirkungen mit anderen Medikamenten kommen.

Johanniskraut in kleinen Dosierungen fördert aber nicht nur den Schlaf weil es entspannt, sondern erleuchtet im Wortsinne den Tag. Denn es erhöht die Sensibilität gegenüber UV-Licht. Das hat besonders im Winter den Vorteil, dass das wenige Sonnenlicht vom Körper intensiver aufgenommen wird und damit dem lähmenden Melatoninüberschuss Einhalt geboten werden kann. Man fühlt sich am Tage wacher und benötigt nur einen kleinen körpereigenen Melatoninkick, um in den dämmernden Nachtmodus umzuschalten. Allerdings muss man etwas Geduld haben: Der stimmungsaufhellende Effekt von Johanniskraut setzt bei regelmäßiger Einnahme erst nach vier Wochen ein.

Da Langschläfer aufgrund ihres verschoben getakteten Schlaf-Wach-Zyklus eigentlich täglich die gleiche Situation vorfinden, die A-Typen nur im Winter zu schaffen macht, können sie ihren Mangel an natürlichem Licht durch Johanniskraut dauerhaft verringern. Das bringt Sonne ins

Herz und verscheucht die Müdigkeit – eine Wirkung, die schon seit Jahrhunderten bekannt ist, denn Johanniskraut ist ein Heilmittel mit langer Tradition. Schon in der Antike schätzte man seinen aufhellenden Effekt auf das Gemüt, und in der christlichen Heilkräuterkunde, wie sie die Benediktinermönche und Hildegard von Bingen pflegten, gilt es quasi als heilig. Sein Name rührt von Johannes dem Täufer her; der rote Saft der Pflanze soll an das Blut seiner Enthauptung erinnern. Einer anderen Überlieferung zufolge sollen die Anhänger die Pflanze, die um Jesus' Kreuz herum wuchs und mit seinem Blut benetzt war, gesammelt und an Gläubige verschenkt haben, um sie über dessen Tod hinweg zu trösten. Daher nennt man das Öl des Johanniskraut auch »Blut Jesu Christi«.

In der Volks- und Naturheilkunde gilt Johanniskraut dementsprechend als Mittel gegen Melancholie, nervöse Verstimmungen, die den Schlaf rauben, Trübsinn und Depressionen. Maria Treben, deren Kräuterheilkundebuch in einschlägigen Kreisen den Status einer Bibel hat, schreibt, die Pflanze könne »bei Nervenleiden, Nervenentzündungen, Neurosen, Schlaflosigkeit und Nervenschwäche erfolgreich angewendet« werden, ebenso bei »unruhigem Schlaf, … Nachtwandeln, … Bettnässen und Depressionen.«[52] Eine Metastudie aus dem Jahre 2008, in der 29 Untersuchungen mit insgesamt mehr als 5000 Patienten zum Zusammenhang zwischen Johanniskraut und Depressionen ausgewertet wurden, gibt der kultigen Kräuterfrau recht. Johanniskraut hellt nachweislich die Seele auf.

Doch die photosensible Wirkung hat auch seine Nachteile. Im Sommer reagieren dünnhäutige Menschen besonders stark auf die künstlich provozierte erhöhte Sonneneinwirkung: Es kann wie bei einem Sonnenstich zu Magen-Darm-Erkrankungen, Benommenheit, Müdigkeit, Kopfschmerzen und allergischen Hautreaktionen kommen. Wer also seinen Tag-Nacht-Rhythmus mit Johanniskraut in Balance halten will, sollte starke Sonne, aber auch Solarien und Strandurlaube, bei denen man sich stundenlang in der Sonne aalt, meiden. Wer das nicht kann oder will, der sollte die Einnahme von Johanniskraut spätestens zwei Wochen vor Urlaubsbeginn beenden.

Aus der Not eine Tugend machen:
Berufe für Nachteulen

Der frühe Vogel fängt den Wurm,
aber die zweite Maus bekommt den Käse.
Anonymus

Was, wenn alle guten Ratschläge nicht helfen und Sie sich morgens noch immer bleischwer zur Arbeit schleppen? Wenn kalte Duschen und heißer Tee Sie nicht fit machen können und auch ein Powernap in der Mittagspause Sie nicht in Schwung bringt? Was, wenn Sie in Konferenzen, Gesprächen oder Telefonaten immerzu gegen die Last ankämpfen, die auf ihren Lidern liegt? Oder wenn Ihnen der ständige Schlafmangel die Lust auf Liebe und Leben vergällt? Was ist, wenn Ihre Gesundheit leidet, Ihr soziales Umfeld auseinanderbricht und Sie Ihre Dauermüdigkeit zum Außenseiter macht?

Da hilft nur noch eins: ein Bekenntnis zur Nacht!

Machen Sie Ihre Ausgeschlafenheit zum Beruf. Denn nicht nur Talent und Können, Fähigkeiten und Veranlagungen müssen bei der Berufswahl berücksichtigt werden, sondern auch die biologische Disposition. Ob man Eule ist oder Lerche, entscheiden die Gene. Ein Leben lang gegen seine Veranlagung anzukämpfen und der kreativen Hochphase derjenigen hinterherzuhecheln, die in unserer Arbeits- und Berufswelt die Regeln bestimmen, ist ein Kampf, den man eigentlich nur verlieren kann. Er ist gegen die eigene Natur und damit fast aussichtslos. Es gibt zwar Eulen, deren Zeitempfinden nur um eine halbe Stunden verschoben ist, die Regel ist aber, dass die Hochphase der Langschläfer dann beginnt, wenn die Frühaufsteher sich bereits auf die Mittagspause freuen. So kann keiner auf Dauer leben, selbst die anpassungsfähigste Eule nicht.

Ob Sie also als verdienter Berufsveteran noch mal umsteigen oder sich umschulen lassen, oder ob Sie als Schulabgänger gleich richtig einsteigen – in einer Arbeitswelt, die auf die Bedürfnisse von Lerchen ausgerichtet ist, können Sie vor allem in Jobs punkten, die anfangen, wenn andere Feierabend haben. Denn was machen Frühaufsteher, wenn sie die Bürotür hinter sich zufallen lassen? Sie gehen in Restaurants, Kneipen oder Kinos, besuchen eine Theater-, Ballett- oder Opernaufführung, halten sich in einem Fitness-Center in Form oder ihren Geist in Abendkursen auf Trab. Sie tanzen in Clubs oder trinken Cocktails in Bars. Sie nehmen ein Taxi nach Hause und ein Sixpack Bier und Zigaretten von der Tankstelle oder dem nächsten Kiosk mit. Sie rufen den Schlüsseldienst an, wenn sie ihre Tür zugeschlagen haben. Wenn sie zu Hause bleiben, hören sie Nachrichten im Radio oder regen sich im Fernsehen über den Gast einer Late-Show auf. Sie holen sich über Hotlines telefonische Auskunft oder Rat bei einer Seelsorge. Sie benutzen Onlinedienste und bestellen Ware über die 24-Stunden-Hotline.

Mit anderen Worten: Frühaufsteher erwarten, dass nach Feierabend ein Heer von Dienstleistern ihrem Bedürfnis nach

Spaß, Sport, Zerstreuung und Service entgegenkommt – und das ist die Chance für diejenigen, die nachts Karriere machen wollen – und dies auch können, weil ihre Fähigkeit, lange wach zu bleiben, in ihrem Beruf eine wesentliche Schlüsselqualifikation ist.

Wenn Sie also nie vor Mitternacht zu Bett gehen, erst in Schwung kommen, wenn die normalen Arbeitstiere sich bereits für den Feierabend verabreden, wenn es Ihnen ein Leichtes ist, die Nacht zum Tag zu machen, dann sind Sie in nachfolgenden Branchen richtig. Manche der Jobs, die hier vorgestellt werden, sind sogar für Ein- oder Umsteiger ohne Ausbildung geeignet, denn Sie erfordern lediglich eine Schulung, die wenig zeitaufwendig ist, sowie die Fähigkeit, die Augen auch nachts offen zu halten.

Unterhaltungsbranche

Die Kunst gehört den Eulen. Wenn sich die Lerchen nach getaner Arbeit amüsieren wollen, haben Langschläfer die Gelegenheit zu zeigen, was sie können. Denn abends sind sie einfach besser drauf. Ob Sie auf der Bühne stehen und Applaus ernten oder ob Sie hinter der Bühne für einen geregelten Ablauf der großen Show sorgen – nachts können Sie mit Ihrer Aufgewecktheit punkten. Drei Nachtprofis erzählen von ihrem Arbeitsleben.

Die Ankleiderin

Das Erste, was Ingeborg macht, wenn sie ihren Job als Ankleiderin antritt, ist, sich erst einmal gründlich die Hände zu waschen. Der enge, ja manchmal sogar hautnahe Kontakt mit anderen Menschen erfordert das. Die Germanistik-Studentin arbeitet in einem großen Hamburger Musical-Theater in der Kostümabteilung und ist für die korrekte Ausstattung und den Kostümwechsel eines Künstlers zuständig. Arbeitsantritt ist um 18.30 Uhr – da hat sie den ganzen Tag Zeit für ihr Studium. Nach dem Händewaschen geht sie in die Garderobe ihres Künstlers und legt das Kostüm mit seinen Accessoires so aus, dass man es mit wenigen Griffen anziehen kann. »Die Kostüme sind meist Trickkleider, die man mit Klettband oder Haken und Ösen öffnen und schließen kann. Dazu kommen Schuhe, Handschuhe, Taschen und ein Gurt für das portable Mikrofon. Alles muss in der richtigen Reihenfolge angezogen werden. Denn wenn nachher im Dunkeln auf der Hinterbühne ein Kostümwechsel ansteht, hat man keine Zeit zum Nachdenken und Herumsuchen. Da muss alles schnell gehen und sitzen, damit der Künstler auf der Bühne kein Kostüm-Desaster erlebt.« Auch das hat Ingeborg bereits erlebt: Während des Umziehens musste einmal das Mikrofon ausgetauscht werden, weil es kaputt gegangen war. »In der Eile habe ich den unteren Teil eines mehrteiligen Mantels nicht richtig befestigt, weil mir zu wenig Zeit blieb. Der hat sich dann auf der Bühne verselbständigt.« Das Ergebnis: Der Schauspieler kam aus dem Gleichgewicht, zappelte wie ein Käfer auf dem Rücken herum und verhaspelte sich völlig im Text. Eine Abmahnung gab es für Ingeborg nicht, da jeder weiß, dass so etwas mal passieren kann, aber seitdem checkt sie jeden Haken und jede Öse zwei Mal, bevor sie einen Künstler auf die Bühne schickt.

Nach der Aufführung kontrolliert Ingeborg, ob die Kleidung irgendwelche Blessuren davongetragen hat, bevor sie die getragenen Kostüme mit der Hand und mildem Waschmittel auswäscht – und dann um 23.30 Uhr nach Hause geht. »Man guckt, ob Risse genäht oder Löcher gestopft werden müssen, die Schuhe abgetanzt oder vielleicht Perlen oder Federn abgerissen sind. Manchmal muss gar ein ganzes Kostüm neu angefertigt werden. Jeder Darsteller hat zwei Basiskostüme. Aber wenn man acht Mal pro Woche auftritt, verschleißt die Garderobe ziemlich schnell.« Solche Dinge werden dann in einem großen Buch eingetragen, das vom Tagesdienst abgearbeitet wird.

Auch Ingeborg schiebt manchmal Tagesschichten. Da wird geflickt, genäht, gestopft, gesäubert, gemalt, gestickt, gebügelt, gefärbt, gefaltet, geordnet und auch gewaschen. »Meist sind diejenigen, die im Tagesdienst arbeiten, gelernte Schneiderinnen. Aber wir haben auch Direktricen, Kostümbildnerinnen, einen Putzmacher und einen Sticker.« Tatsächlich ist es so, dass viele angehende Kostümbildnerinnen, die sich an der Kunsthochschule eingeschrieben haben, hier ihre ersten Erfahrungen in der Berufspraxis machen – und sich, wie Ingeborg, für ihr Studium Geld verdienen.

Das Team besteht zur Hälfte aus Halbzeitkräften (meist kostümaffine Studenten) und zur anderen Hälfte aus Vollzeitkräften, die einen Gesellenbrief in einem Handwerk rund um Kleidung vorzuweisen haben. Ingeborgs Job als Ankleiderin eignet sich als Einstieg für alle, die später einmal als Kostümbildner arbeiten wollen. »Hier wird auch ausgebildet. Man muss also nicht vom Fach kommen. Eine

Kollegin kam – wie ich – von der Uni, hat hier aber Feuer gefangen und sich zur Schneiderin ausbilden lassen.« Das ist die Voraussetzung für eine Karriere als Kostümbildnerin oder Direktrice, die dann durchaus international verlaufen kann. Der Konzern zum Beispiel, der das Musical aufführt, bei dem Ingeborg arbeitet, operiert weltweit. »Eine Kollegin hat erst hier gearbeitet, ist dann nach Finnland ausgeliehen worden, dann in Stuttgart gelandet und lebt nun in London.« Aussichten, die Ingeborg verschlossen bleiben, denn sie arbeitet hier lediglich, um ihr Studium zu finanzieren. Zumindest ihre Sprachkenntnisse kann sie aber auch vor Ort verbessern, denn in Hamburg steht eine Besetzung aus aller Herren Länder auf der Bühne. Verkehrssprache ist Englisch. Der Umgang mit den Künstlern und die Möglichkeit, sie nach ihrem Lebensweg auszufragen, bilden einen besonderen Reiz des Ankleider-Berufs.

Umschulen lassen will sich Ingeborg dennoch nicht. Sie verfolgt weiter ihr Studium, denkt aber daran, die Geschichten, die sie hier hört, einmal zu einem Drehbuch zu verarbeiten …

Ankleider ist ein typischer Anlernberuf. Bei einer Fest- bzw. längerfristigen Anstellung und bei einer Anstellung am Staatstheater wird oft eine Ausbildung im textilen Bereich verlangt, etwa als Damen- oder Herrenschneider, Kürschner oder Modist. Auskunft über Ausbildungs- und Anstellungsmöglichkeiten bekommt man hier:

Bundesverband des Maßschneiderhandwerks e.V.
Katzenbruchstraße 71
45141 Essen
0201 320080
www.bundesverband-mass-schneider.de

Bundesinnungsverband für das Damenschneiderhandwerk
werk
Auf'm Tetelberg 7
40221 Düsseldorf
0211 30823637

Die deutschen Kürschner-Innungen sitzen in zwölf verschiedenen Bundesländern. Siehe auch:
www.kürschner-innung.de

Bundesinnungsverband für das Modistenhandwerk
Klosterstraße 73–75
40211 Düsseldorf
0221 3670739
www.das-starke-handwerk.de/biv-modisten/index2.htm

Wer direkt beim Theater nach einem Job anfragen möchte, suche im Theaterverzeichnis nach einer Spielstätte in seiner Nähe und frage sich zur Leitung der Kostümabteilung durch:
www.theaterverzeichnis.de

Die Maskenbildnerin

Wenn Andrea Grobe ihr Reich ausbreitet, dann erinnert dies ein wenig an die Werkstätte eines Malers: Pinsel mit großen, schmalen, langen, kurzen, fächerförmigen oder quastigen Borsten; Tiegel, Töpfe, Tuben, Flaschen, Cremes, Puder und Sprays, Schwämme, Haarteile, Bürsten, Klammern, Spangen, Lockenwickler, Haargummis, Stifte ... Und natürlich die Farben – das ganze Spektrum. Fehlt eine Nuance, dann rührt die Maskenbildnerin sie kurzerhand selbst an. Andrea Grobe ist freie Maskenbildnerin und arbeitet unter anderem bei nächtlichen Liveshows. Zehn Tage im Monat schminkt sie die Moderatorinnen und Moderatoren für eine Kamera, die alle Schwächen ans Licht bringt. »Seit ein paar Monaten haben wir die HD-Technik. Da bleiben weder Augenränder noch kleine Unreinheiten verborgen. Aber das ist eine Herausforderung für mich, der ich mich gerne stelle.« Ihr Arbeitstag beginnt zwischen 18.00 und 18.30 Uhr und endet frühestens um halb drei Uhr morgens. Kommt die gelernte Friseurin im Sender an, nimmt sie erst einmal den Ablaufplan entgegen und baut ihre Schminkutensilien vor dem Tisch mit dem Leuchtspiegel auf. Acht Personen macht Andrea Grobe pro Fernsehnacht für die Kamera zurecht. Für jede Person hat sie im Schnitt eine Stunde Zeit. Das ist knapp bemessen, »und richtig schwierig wird es, wenn ich die Meldung bekomme, dass eine Moderatorin oder ein Moderator zu spät kommt. Wir senden live, da muss ich punktgenau zur Sendung fertig sein.«

In solch einem Notfall hilft Routine. Statt kunstvoll die Haare über die Rundbürste zu föhnen, schickt sie die Moderatorinnen dann auch schon mal mit einer Hochsteckfrisur ins Rampenlicht. »In so einer Situation ist es von großem Vorteil, dass man schon so lange mit den Menschen hier zusammenarbeitet und sie und die Eigenschaften des jeweiligen Gesichtes kennt.« Auch wenn vor der Kamera ihre Kunst dahin schmilzt, hilft Routine. »Wenn mir auffällt, dass jemand fürchterlich schwitzt, rufe ich in der Regie an und frage, ob ich mal kurz hingehen und überpudern darf. Die wiederum fragen die Moderation, ob es gerade passt. Manchmal schwenkt die Kamera dann aufs Spiel und ich husche schnell ungesehen rein.«

Nach der Sendung werden alle Gerätschaften und Hilfsmittel verstaut und Bürsten, Pinsel und Schwämme gründlich gereinigt. Dann geht es erst nach Hause und nach einem Schlaftee ins Bett. Aufgestanden wird spätestens um zehn. Denn Andrea Grobe hat auch noch Jobs bei Film, Werbung, Fotoshootings und anderen Fernsehsendern. »Ich kann mich schnell einarbeiten. Das ist meine Stärke.«

Diese Fertigkeit hat sie sich in diversen Jobs angeeignet. Nach neunjähriger Praxis als Friseurin hat sie eine einjährige Zusatzausbildung an einer Kosmetikschule absolviert, und schon während der Ausbildung half sie bei Studentenproduktionen der Münchener Hochschule für Film- und Fernsehen aus – kleine Produktionen ohne Budget, da war Improvisationstalent gefragt. Auch Effekt-Make-up hat sie durch die Schule der Praxis gelernt: Wunden, verfilzte Haare, Monstergesichter – für die Maskenbildnerin keine großen Aufgaben. Selbst Drama-Make-up und die Anfertigung historischer Perücken für die Theaterbühne zählen zu ihrem Repertoire. »Da hilft meine Ausbildung zur Friseurin.« Auch im Umgang mit Menschen hat sie dieser Lehrberuf geschult: »Er baut die Angst davor ab, fremden Personen näher zu treten, und hilft, ihren Wünschen gegenüber aufgeschlossen zu bleiben und auf sie einzugehen.« Denn alle Fingerfertigkeit und alle Kunst helfen nichts, wenn man im Grunde seines Herzens Berührungsängste hat.

Maskenbildner kann man über verschiedene Wege werden. Meist ist eine dreijährige Friseurlehre die Basis. Hinzu kommt ein Aufbaustudium an einer staatlichen oder privaten Schule. Der Beruf des Maskenbildners ist staatlich anerkannt.

Bundesvereinigung Maskenbild e.V.
Bundesallee 171
10715 Berlin
030 200033352
www.maskenbildner.org
www.bundesvereinigung-maskenbild.de

Hochschule für Bildende Künste Dresden
Güntzstraße 34
01307 Dresden
0351 44020
www.hfbk-dresden.de/Studium/Studiengaenge.html

Einen Bachelor-Abschluss kann man erwerben bei der Bayerischen Theaterakademie August Everding im Prinzregententheater

Prinzregentenplatz 12
81675 München
089 218502
www.theaterakademie.de/studium.html

Die Tourmanagerin

Die Welt von Tourmanagerin Renate von Löwis of Menar
spiegelt sich in den Texten der Gruppen wider, mit denen sie
tourt. Da wird von Liebe gesungen, von Träumen und Sex,
von Sehnsüchten und Langeweile, von Entzugskliniken und
Abstürzen, vom Schmerz des Außenseiters – und natürlich
von der Nacht. Eine Band tritt spät auf. Üblich ist ein Konzert-
beginn um 20 Uhr, meist kommt dann erst noch eine Vor-
gruppe. *Midnight Boom* heißt nicht von ungefähr ein Album,
das The Kills rausgebracht hat, eine der Bands, die Renate
von Löwis of Menar betreut. Die anderen heißen Interpol,
White Stripes, TV on the Radio und Bon Iver und sind die
Stars der von großen Majorlabels unabhängigen Szene, für
deren Konzerte sich Fans bis zu einem halben Jahr vorher
Tickets sichern.

Der Rock'n'Roll-Zirkus ist ein Nachtbetrieb, mit all
seinen typischen Besonderheiten. Viele der Arbeiten, die
ihn zum Laufen bringen, müssen allerdings schon am Tage
geleistet werden. »Meist kommen wir am Nachmittag mit
dem Bus in der Stadt an, in der wir auftreten«, erzählt die
Tourmanagerin, die seit mehr als zwanzig Jahren mit den
erfolgreichsten Bands der Independent-Szene unterwegs
ist. »Dann checken wir erst einmal im Hotel ein. Mein Job ist
es, dafür zu sorgen, dass alle ihre Zimmer haben und auch
alles vorhanden ist, worum die Band die lokalen Veranstalter

gebeten hat. Die Wünsche der Band habe ich zuvor aufgelistet und dem Veranstalter zugeschickt, auf einem Rider – so nennt man das in der Branche. Das ist wichtig, denn es geht ja darum, dass die Bandmitglieder sich wohl fühlen und einen guten Auftritt hinlegen.« Dazu gehört, dass auch gewisse Gewohnheiten gewahrt bleiben. »Aber zu extravagant darf die Wunschliste auch nicht ausfallen. Wenn jemand etwa ein T-Shirt oder Socken wünscht, dann bin ich der Meinung, dass ich von einem erwachsenen Menschen erwarten kann, dass er dafür selbst sorgt. Das ist Privatsache. Im Zweifelsfall kann ich an deren Selbstbild appellieren: Schließlich wollen sich Independent-Künstler von Popstars wie Mariah Carey unterscheiden. Dann dürfen die sich auch nicht so zickig geben wie eine Diva.« Stehen auf der Wunschliste auch bewusstseinserweiternde Substanzen und Drogen? Immerhin ist die Musikszene ja für Sex, Drugs und Rock'n'Roll bekannt ... Renate von Löwis of Menar räumt ein: »Das läuft unter der Hand. Es gibt verschlüsselte Codes, eine Art Geheimsprache. Aber ich überlese das und halte mich da raus. Ich werde mich hüten, dem nachzukommen. Das finde ich unprofessionell. Aber wenn eine Band unbedingt einen Kasten Bier braucht, um auf Touren zu kommen, dann bitte.«

Überhaupt scheint die Szene bei näherem Betrachten wesentlich disziplinierter zu sein, als alle Klischees vom Künstlerleben es behaupten. »Wenn wir am Veranstaltungsort ankommen, dann hilft die Band meist selbst, das Equipment für ihren Auftritt auf die Bühne zu tragen.« Während die Künstler proben und den Sound überprüfen, trifft sich die Tourmanagerin mit dem Vertreter des lokalen Veranstalters.

Auch da wird wieder überprüft, ob alles, was die Band für ihren Auftritt braucht, vorhanden ist. »Neben dem Rider für persönliche Belange gibt es auch einen technischen Rider.« Dann kontrolliert Renate von Löwis of Menar die Kartenverkäufe und lässt sich die Tickets, die im Abendverkauf noch zu haben sind, vorzählen. Das ist wichtig, denn immerhin teilen sich Veranstalter und Band nach einem zuvor festgelegten Schlüssel die Einnahmen, und es gehört zu den wichtigsten Aufgaben einer Tourmanagerin, das Finanzielle zu regeln. Sind die Proben zu Ende, das Licht und der Sound eingestellt, sorgt sie dafür, dass alle Essen bekommen und sich fit machen für den Auftritt.

Für gewöhnlich schaut sich die Tourmanagerin während des Konzerts noch ein, zwei Songs ihrer Künstler an, dann geht sie an ihren Laptop und bereitet die Abrechnung vor. Wenn die Band bereits dabei ist, das Equipment von der Bühne zu räumen, sitzt sie oft noch über Zahlen, Quittungen und Rechnungsbüchern. »Bandmanagement zu machen, bedeutet nichts anderes, als einen Buchhalterjob zu machen«, erklärt Renate von Löwis of Menar. Aber natürlich ist es etwas anderes, ob man die Zahlen von Musikern prüft oder die eines mittelständischen Betriebs. Die Musik-Szene bietet nämlich durchaus mehr an Aufregung. »Einmal stand ein Künstler mit seiner Freundin in der Tür zu meinem Büro – das war ein international bekanntes Topmodel. Er wollte nicht, dass sie allein während des Konzerts herumsteht, weil sich keiner traut, sie anzusprechen, während er arbeitet. Da hab ich mich eben um sie gekümmert.« Auch auf Backstage-Partys wird die Tourmanagerin immer wieder Superpromis aus Hollywood vorgestellt. »Besonders

Schauspieler stehen auf Rockbands. Das finden die so down to earth und echt.« Allerdings finden Partys, wie man sie aus den Bilderbüchern der Rockgeschichte kennt, nur selten statt. »Meist gehen wir nach dem Auftritt zurück ins Hotel, dann ein Drink noch oder ein Abendessen, das wars. Wenn wir mit dem Nightliner, einem großen Bus mit Schlafgelegenheiten, unterwegs sind, fahren wir sogar noch in der Nacht zum nächsten Venue.« Bands, die jeden Abend Party machen, verglühen schnell. Zum Erfolg gehört eben auch Disziplin.

Von Löwis of Menar selbst ist über ihre Liebe zur Musik in die Branche hineingeraten. In Bielefeld lernte sie eine Gruppe Leute kennen, die Konzerte mit Independent-Bands veranstaltete. »Ich war platt, dass man diese Gruppen einfach so einladen kann.« Bald hat die Tourmanagerin selbst Bands eingeladen, dann ist sie gefragt worden, ob sie auch Tourneen für sie organisiere. So kam eins zum anderen. Deshalb empfiehlt Renate von Löwis of Menar: »Wer Lust auf den Job hat, sollte die Nähe der Bands, die er mag, suchen und in Clubs arbeiten, wo diese auftreten – ob an der Bar oder an den Reglern ist zunächst gleich. Es geht darum, ein Gefühl für die Szene zu entwickeln und Vertrauen aufzubauen. Wichtig ist auch gutes Englisch, vielleicht sogar noch eine weitere Sprache. Das hilft, wenn man tourt. Wenn man das eine Weile gemacht hat, kann man ruhig einmal anfragen, ob man eine Band begleiten kann. Es ist nicht schlimm, die Karten offenzulegen und zu sagen, dass man noch nicht viel Erfahrung in dem Job hat. Für Quereinsteiger hat hier jeder Verständnis. In dieser Branche geht es nicht unbedingt um Diplome und Urkunden, sondern um Leidenschaft.«

Tourmanager ist ein Job für Autodidakten. Man bewirbt sich direkt an einer Bühne seiner Wahl. Einfach hingehen und das Gespräch suchen. Hier eine Auswahl von Clubs, in denen Bands der Alternativ-Szene spielen, und in denen man sich bewerben kann:

Comet Club/ Magnet Club
Falckensteinstraße 47
10997 Berlin

E-Werk
Schanzenstraße 37
51063 Köln

Beatpol
Altbriesnitz 2
01157 Dresden

Molotow Music Club
Spielbudenplatz 5
20359 Hamburg

Mousonturm
Waldschmidtstraße 4
60316 Frankfurt

Muffathalle
Zellstraße 4
81667 München

Medien

Wer den ganzen Tag hinter der Werkbank schwitzt oder in sauerstoffarmen Konferenzräumen um die Gunst des Chefs buhlt, ist von den Geschehnissen der Außenwelt so abgeschottet, dass es selbst einem völligem Polit-Ignoranten zur zweiten Natur geworden ist, abends den Fernseher oder das Radio einzuschalten und sich bei *Tagesthemen* oder *heute journal* über die aktuellen Ereignisse zu informieren. Wer in der nächsten Mittagspause oder beim Essen mit Freunden mitreden will, muss informiert sein, um bei hitzigen Diskussionen gute Argumente zu haben – und die holt er sich in der Regel durch die Medien. Aber wer bringt diese Informationen in die allabendlichen Nachrichten? Wer stellt sie online oder funkt sie durch den Äther? Wer präsentiert sie, wer bereitet sie vor? Es ist müßig zu sagen, dass das die klassischen Metiers der Eulen sind.

Der Nachtnachrichtenredakteur

In jeder Nacht ist Licht zu sehen im zweiten Stock des Kölner Funkhauses am Raderberggürtel. Dort liegt das Büro von Marco Bertolaso und der Nachrichtenredaktion des *Deutschlandfunks*, das nicht nur für die Wissbegierigen des Tages, sondern auch der Nacht sendet – für Schichtarbeiter, Nachtschwärmer, Schlaflose oder einfach Liebhaber der späten bzw. ganz frühen Stunde. Erst arbeitete der promovierte Historiker hier als Redakteur, dann als verantwortlicher Dienstleiter, der die Abläufe koordiniert. Seit 2007 ist er Leiter der Abteilung »Zentrale Nachrichten« und Chef eines Teams von zwanzig Redakteurinnen und Redakteuren nebst zahlreichen freien Mitarbeitern. 37 Nachrichten-sendungen produziert die Redaktion am Tag – und zwar live: je eine zur vollen Stunde und zwischen 5 und 18 Uhr sogar jede halbe Stunde, sowie zusätzlich die *Presseschau*, die einen zehnminütigen Überblick über die Kommentare der deutschen Zeitungen und der Weltpresse zu aktuellen Themen bietet. Und dies an Werktagen ebenso wie an Sonn- und Feiertagen.

Bevor Bertolaso Chef der Abteilung wurde, hat er selbst jahrelang Nachtschichten geschoben. Das gehört in einer Redaktion, die 24 Stunden am Tag und sieben Tage die Woche besetzt sein muss, einfach dazu. Was Bertolaso aber wichtig ist: »Die Arbeitsweise bei uns unterscheidet sich sehr von den Klischees, die durch US-Filme wie *Extrablatt* verbreitet werden. Hier wird nicht gebrüllt und über die Tische hinweg gerufen. Für Hektik fehlt uns schlicht die Zeit. Alle Mitarbeiter sind sehr ruhig und konzentriert, auch in den Diskussionen. Das einzige Geräusch, das man hört, ist das gleichmäßige Anschlagen der Tastaturen.«

Der Spätdienst fängt ein halbe Stunde vor Mitternacht an und endet am nächsten Morgen um halb sieben. In der Regel überschneidet er sich mit dem der Redakteure der vorangehenden Schicht um eine Stunde. Nach den Null-Uhr-Nachrichten findet die Übergabe statt, die Ein-Uhr-Nachrichten hat der Nachtredakteur bereits alleine vorbe-reitet. Es kann jedoch schon einmal vorkommen, dass man einander früher ablöst, etwa wenn der Kollege über Kopf-schmerzen klagt. »In einer Redaktion, in der rund um die Uhr gearbeitet wird, herrscht ein enger Zusammenhalt. Es geht hier auch nicht so steif zu wie in einem normalen

Bürobetrieb. Wer nachts arbeitet, lässt durchaus schon mal den Anzug im Schrank und trägt legere Kleidung. Das wirkt sich auch auf den Umgang miteinander aus. Wir sprechen auch über private Dinge und sind nicht so förmlich und distanziert, wie man sich das in einer Nachrichtenredaktion, die ja auf Sachlichkeit bedacht sein muss, vorstellt.«

Bevor man miteinander die Nacht durcharbeitet, sollte sich jeder Neuankömmling erst einmal in die aktuellen Weltgeschehnisse einarbeiten. »Wenn man in den Sender kommt, muss man sich zunächst einen Überblick über die Nachrichtenlage verschaffen«, beschreibt der Chef der einzigen Hörfunknachrichten, die bundesweit ausgestrahlt werden, das Arbeitsprozedere. Das heißt, man schaut sich die Agenturmeldungen des Tages an, hört, was in den vorhergehenden Sendungen verwertet wurde und versucht, die Meldungen in ihren entsprechenden Kontext einzuordnen. »Wenn dann eine Eilmeldung eingeht, weiß ich, ob es tatsächlich eine neue Nachricht oder einfach die Wiederholung einer Nachricht ist, die bereits gelaufen ist. Das kommt durchaus vor.« Zwei Leute – ein Redakteur und ein Dienstleiter – bilden die Besetzung in der Nacht. Sie lesen, beurteilen, ordnen und redigieren die eingehenden Meldungen, verfertigen die Nachrichten und geben diese dem Sprecher zum Einlesen – idealerweise fünf Minuten vor Sendung. »Aber es kann auch sein, dass wir während der laufenden Sendung noch Eilmeldungen nachreichen, wenn wir das für notwendig halten.«

Das beurteilen zu können erfordert Erfahrung, Kenntnis und Routine. Denn in der Nacht ist es schwer oder gar unmöglich, jemanden für Rückfragen an den Hörer zu bekommen und vage Fakten zu prüfen. Die Nacht biete freilich die Chance für Hinterbänkler und diejenigen, die sonst überhört werden, erzählt Bertolaso. Leute, die tagsüber im parlamentarischen Geschehen nur geringes Gewicht haben, melden sich hier eher zu Wort. Mit der Gefahr, dass Sachverhalte verkürzt dargestellt werden. »Neulich haben ein paar Politiker aus der Opposition etwas zum Sparpaket der Regierung gesagt. In der Agenturmeldung stand dann: ›Die SPD ist der Meinung …‹. Das war aber falsch. Denn nicht die SPD als Partei hatte sich dazu geäußert, sondern nur eine kleine Gruppe innerhalb der Partei.« Ginge so eine Nachricht wörtlich über den Sender, könnte Missmut und vielleicht auch Schaden entstehen. Deshalb ist hier wie in vielen anderen Fällen Vorsicht geboten.

Ein weiterer Schwerpunkt der Nacht-Nachrichten sind Auslandsmeldungen. Denn wenn bei uns die Lichter ausgehen, klingeln in Los Angeles oder Tokio die Wecker. Wie bei den Nachrichten ist auch hier Routine in der Einschätzung gefragt. »Wenn uns etwa die Meldung erreicht, in Bangladesch habe es ein Erdbeben der Stärke 6,8 gegeben, und wir, um unseren Hörern einen Vergleich zu bieten, hinzufügen, dass bei einem Erdbeben der Stärke 6,8 im Jahre zuvor mehrere 100 Menschen umgekommen sind, kann das völlig in die Irre führen und Panik schüren. Wir wissen ja noch gar nicht, welche Folgen das neue Beben tatsächlich hatte.« Natürlich kann Marco Bertolaso die Korrespondenten der jeweiligen Region anrufen, aber auch das ist nicht immer der richtige Weg: »Wenn ich davon ausgehen kann, dass diese wie ich ebenfalls nur im Internet auf bestimmten Seiten nachgucken und nicht direkt Zugang zu einer Kontaktperson haben, kann ich mir und ihnen auch einen Anruf ersparen, denn dann gehe ich selbst ins Netz.«

Einsteigern empfiehlt Bertolaso neben einschlägiger Praxis, etwa bei einer Tageszeitung, unbedingt Auslandserfahrung. »Es ist bei uns notwendig zu wissen, wodurch sich die politischen Systeme unterscheiden, wer etwa in anderen EU-Staaten für was zuständig ist. Fremdsprachenkenntnisse sind ebenfalls von Vorteil in einer Redaktion wie unserer, die Nachrichten aus aller Welt anbieten will.« Einsteiger müssen ohnehin ein paar Wochen zur Probe arbeiten. »Daran kann man schneller erkennen, ob jemand die Abläufe beherrscht, Sachkompetenz hat und in das Team hineinpasst, als durch einen tollen Lebenslauf,«

Eine Eigentümlichkeit gibt es noch beim Dienst in der Nacht, erzählt Bertolaso: »Das Publikum, das nachts zuhört, ist ein besonderes. Es ist kritischer und aufmerksamer als das Publikum am Tage. Vielleicht liegt es daran, dass tagsüber das Radio mit vielen anderen Medien konkurriert, diese Einflüsse aber bei Nacht wegfallen und man sich direkter mit dem Medium Radio konfrontiert sieht.« Deshalb klingeln immer wieder die Telefone: »Hörer haben Fragen, wollen mehr über eine laufende Meldung wissen, suchen Programmhinweise oder wollen einfach nur ein Lob loswerden«, erzählt der Nachrichtenchef. »Und sie bedanken sich auch oft bei uns, weil wir in der Nacht Themen behandeln, die tagsüber nicht im Fokus stehen.« Natürlich gibt es auch Querulanten, aber die sind eher selten, und es gibt Mittel und Wege, sie zu beruhigen. »Bei uns wird jeder Hörer freundlich und geduldig behandelt«, versichert Bertolaso. Und das nicht nur weil man sein Publikum schätzt, sondern auch, weil man Werbung in eigener Sache machen möchte: »Wir hoffen darauf, dass unsere Zuhörer uns an andere Nachteulen weiterempfehlen.«

Jeder kann sich als Journalist bezeichnen. Der Beruf ist gesetzlich nicht geschützt. Dennoch empfiehlt es sich, ein klassisches Volontariat bei einer Tageszeitung zu durchlaufen – dort kann man Einblick in mehrere Schwerpunkte (Politik, Wirtschaft, Vermischtes, Leute) gewinnen und diese nach dem Volontariat vertiefen. Eine umfassende praktische und theoretische Ausbildung erhält man an Journalistenschulen. Auch einige große Verlage bieten die Möglichkeit an, das Handwerk an einer hauseigenen Journalistenschule zu lernen. Voraussetzungen und Aufnahmebedingungen erfahren Sie z. B. hier:

Axel Springer Akademie
Axel-Springer-Straße 65
10888 Berlin
030 259178800
www.axel-springer-akademie.de

Deutsche Journalistenschule e. V.
Altheimer Eck 3
80331 München
089 2355740
www.djs-online.de
(Hier haben unter anderem Günther Jauch und Sandra Maischberger ihre Ausbildung genossen.)

Hamburg Media School
Finkenau 35
22081 Hamburg
040 4134680
www.hamburgmediaschool.com

Henri-Nannen-Journalistenschule
Stubbenhuk 10
20444 Hamburg
040 37032376
www.journalistenschule.de

Institut zur Förderung publizistischen Nachwuchses
e.V.
Kapuzinerstraße 38
80469 München
089 5491030
www.ifp-kma.de
(Hier hat unter anderem Thomas Gottschalk gelernt.)

Schule für elektronische Medien
Marlene-Dietrich-Allee 25D
14482 Potsdam
0331 7313200
www.ems-babelsberg.de
(Spezialisiert auf eine journalistische Ausbildung für
elektronische Medien: Radio, TV, Online.)

Der Klatschreporter

Schampus trinken, in tollen Restaurants speisen, mit illustren Prominenten bis zum Morgengrauen feiern und ihnen zu später Stunde, wenn die Träger der Kleider verrutscht, das Make-up verlaufen und zu viele Drinks getrunken sind, auf der Toilette mal schnell intime Geständnisse entlocken?

Wie der Job eines Klatschreporters wirklich aussieht und dass er mit dem beschriebenen Klischee nur wenig zu tun hat, erzählt Sascha Suden. Er hat als Chefredakteur für das Monatsmagazin *Prinz* gearbeitet, als Kolumnist für den *Kölner Express*, war Autor für *Bunte*, *Gala* sowie Unterhaltungschef für die Berliner *B.Z.* und schrieb als freier Journalist noch für viele weitere Medien. »Das klingt alles so heiter und voller Vergnügen – und ich will auch nicht leugnen, dass mir mein Job immer noch Spaß macht. Man hat mit tollen Leuten zu tun, und das Arbeitsumfeld ist in der Regel auch höchst angenehm, aber mit Partymachen und Feiern hat das selbst überhaupt nichts zu tun. Auf acht von zehn Partys passiert nichts. Und dennoch muss ich am kommenden Tag darüber berichten. Mein Job ist eine Bergwerksarbeit. Ich muss präsent sein, bis die letzten Gäste gehen. Denn wenn zum Beispiel Brad Pitt hier in der Stadt ist und einen Club besucht, will meine Redaktion am nächsten Morgen wissen, was er getrunken hat, wie viel er getrunken hat, mit wem er geredet hat, mit wem er gekommen ist – und natürlich auch, wann und mit wem er gegangen ist.«

Der erfahrene Journalist, der nie geht, bevor die Stühle hochgestellt werden, räumt auch gleich mit einem anderen gängigen Irrtum auf. »Dabei trinke ich selbst keinen Tropfen Alkohol. Das Bild vom Champagner trinkenden Society-Reporter stimmt einfach nicht. Das kann man sich in dieser Branche nicht erlauben, wenn man länger darin arbeiten will. Nicht nur, dass es einen schlechten Eindruck macht, wenn man sich mit schwerer Zunge den Gästen nähert, es geht auch auf Dauer an die Substanz. Natürlich muss man Geselligkeit simulieren, aber mittrinken darf man nicht. Außerdem: Man ist mit klarem Kopf einfach im Vorteil. Alle anderen werden immer betrunkener und merken nicht, dass ich keinen Tropfen angerührt habe. Sie fühlen sich im Suff unbeobachtet – und das ist meine Chance, an gute Geschichten zu kommen.«

Wenn Suden sich als Reporter ins Nachtleben stürzt, ist sein Arbeitsumfeld das Terrain, wonach man sich als Normalsterblicher gemeinhin sehnt. Er stand an den roten Teppichen des Deutschen Film-, Fernseh- und Comedy-preises, bei Galas verschiedenster Medien oder auch der Aids-Hilfe. Er berichtete von den Premieren prominenter Hollywoodproduktionen genauso wie von Arthouse-Filmen. Er besuchte Eröffnungen von Schmuck- und Haute-Couture-Boutiquen, Restaurants und Hotels – und wenn, wie zu seiner Zeit beim *Kölner Express*, der G8-Gipfel von der Stadt Köln ausgerichtet wird, trifft er selbstverständlich die damalige US-Firstlady Hillary Clinton zum Plausch im Foyer und schüttelt ihrem Mann, dem Präsidenten, die Hand. »Das aber war ein einmaliger und großer Glücksfall«, gibt Suden zu.

Dennoch wollen solche Glücksfälle gut vorbereitet sein, denn nur wer dafür sorgt, dass er auf allen Gästelisten steht, seine Kontakte ausbaut und pflegt, kann solche Begegnungen forcieren. »Es bereitet kein großes Problem, zu solchen

Veranstaltungen eingeladen zu werden. Dahinter stecken professionelle PR- und Eventagenturen, die dafür bezahlt werden, dass man über die Veranstaltungen berichtet. Es ist ein Geben und Nehmen. Sie laden ein, ich schreibe darüber. Und je exklusiver und aufregender die Geschichten sind, zu denen mir der Zugang ermöglicht wird, desto größer wird über die Party oder die Gala berichtet.«

Dennoch ist es von großem Vorteil, die Leute, die hinter den Kulissen die Fäden ziehen, auch persönlich zu kennen. Suden ruft regelmäßig an oder lädt eine Agenturchefin schon mal auf einen Kaffee ein. »Da wird nur geplaudert, da werden keine Deals ausgehandelt. Schließlich geht es hier um Menschen, und die wollen auch um ihrer selbst willen geachtet werden. Wenn man immer nur anruft, wenn man etwas braucht, ist man schnell unten durch.« So etwas nennt man Kontaktpflege – und dabei erfährt man en passant eben doch die eine oder andere Neuigkeit, die zu einer exklusiven Geschichte führt. »Es ist selten, dass auf Partys wirklich etwas passiert, was zu einer Schlagzeile reicht. Man muss versuchen, auf private Veranstaltungen, zu Geburtstagen etwa oder zu kleinen Feiern, eingeladen zu werden. Dann ist man wirklich mittendrin.« Dies aber heißt, es sich erst einmal durch Geschick, Diplomatie und gelegentliche Diskretion zu erarbeiten. »Ich habe auch manchmal etwas zurückgehalten, was ich wusste, und mir dadurch eine andere Exklusivgeschichte erwirkt.« Dazu gehört Fingerspitzengefühl. Ebenso wichtig für den Job ist eine gute Garderobe. Wer ausgelatschte Turnschuhe oder ein schlampiges Outfit trägt, fällt unangenehm auf oder kommt erst gar nicht in die Partyzone hinein. Daneben benötigt man Kontaktfreude, Interesse an Menschen und am Zeitgeschehen überhaupt. Das gilt auch für die Fotografen, die mit Suden die nächtlichen Society-Events besuchen und mit denen er meist vorher bespricht, welche Gäste auf einer Feier interessant sind und wem möglicherweise ein »Geständnis« zu einer neuen Liebe, einer Trennung oder einer Schwangerschaft zu entlocken ist. Um an solche Informationen heranzukommen, darf man auf keinen Fall mit der Tür ins Haus fallen: »Man muss die Leute in ein unverfängliches Gespräch verwickeln, damit sie Vertrauen fassen. Dazu ist es wichtig, dass man seine Hausaufgaben gemacht hat. Es zählt nicht, sich nur über die aktuellen Ereignisse der Show- und Musikbranche unterhalten zu können, wichtig ist, dass man einfach weiß, was die Zeitungen schreiben, wie die Aktien stehen, welches Buch in den Bestsellerlisten oben steht oder, wer gerade Tabellenführer in der Bundesliga ist. Man weiß ja nie, wen man trifft.« Und noch eine wichtige Eigenschaft gehört zum Handwerkszeug: Man sollte die Fähigkeit haben, andere glänzen zu lassen und sich selbst dezent zurückzunehmen. »Wir leben von den Beobachtungen und nicht davon, dass man uns beobachtet.«

Wenn der Wahlberliner eine Veranstaltung – selbstverständlich als einer der Letzten – verlässt, ist die Arbeit meist noch nicht zu Ende. »Ich schicke dann eine Liste mit meinen Beobachtungen und Themen in die Redaktion, alles in Absprache mit dem Fotografen, der mich begleitet hat, damit die Redaktion schon einmal planen und für das Layout die Bilder aussuchen kann, wenn ich versuche, meinen Schlaf nachzuholen.« Denn das ist der Vorteil am nächtlichen Job: Der Arbeitsantritt darf ruhig ein bisschen später sein.

Dennoch schlaucht das Nachtleben auf Dauer. Deshalb, so Suden, ist der Beruf des Klatschreporters ein ideales Eintrittsportal für junge Journalistinnen und Journalisten: »Viele altgediente Hasen sind später nur noch bei den wirklich großen Ereignissen dabei und lassen sich ansonsten von jungen Kolleginnen und Kollegen vertreten.«

Auch Klatschjournalisten benötigen in der Regel ein abgeschlossenes Volontariat. Erfahrung im Umgang mit Prominenten erhält man jedoch meist durch Praxis bei den einschlägigen Medien. Einige Verlage bieten innerhalb ihrer Journalistenschulen eine Ausbildung zum Klatschredakteur an. Hier ein paar Medien, die Klatschreporter beschäftigen:

Bauer Media Academy
Das Neue, Das Neue Blatt, Neue Post, InTouch,
Life&Style
Burchardstraße 11
20067 Hamburg
040 30190
www.bauermedia.com

Axel Springer Akademie
Bild/Bild am Sonntag
Axel-Springer-Straße 65
10888 Berlin
030 259178800
www.axel-springer-akademie.de

Ok-Magazin
Gänsemarkt 24
20354 Hamburg
040 4118825101
www.ok-magazin.de

in – Starmagazin
Rosenthaler Straße 40/41
10178 Berlin
030 319914100
www.in-starmagazin.de

Bunte
Arabellastraße 23
81925 München
089 92503114
www.bunte.de

Gala
Schaarsteinweg 14
20459 Hamburg
040 37030
www.gala.de

Die Nachtmoderatorin

Wenn es hart auf hart kommt, geht Tina Kaiser in die Maske, wenn andere Menschen längst abgeschminkt sind und im Bett liegen. Ihre Sendung *Night Loft* auf ProSieben beginnt um ca. zwei Uhr morgens und dauert zwischen zwei und zweieinhalb Stunden. Manchmal arbeitet sie bis um kurz vor vier Uhr im Morgengrauen, wenn die Lerchen bereits singen und die Bäcker ihre Brötchen backen. »Länger darf es auch wirklich nicht dauern«, gesteht die Moderatorin mit dem Eulen-Gen. »Denn da mache selbst ich als Nachtmensch schlapp.« Zeit zum Runterschalten braucht sie dann nicht mehr: Das Nachgespräch zur Sendung wird knapp gehalten, die Viertelstunde Fahrt nach Hause vom Studio in Unterföhring nach Schwabing lässt sie ebenfalls schnell hinter sich – und dann geht es ohne Umschweife ins Bett.

»Der ideale Tag«, sagt die Münchenerin, »beginnt bei mir ohne Weckerklingeln.« Verläuft der Tag jedoch nicht ideal, dann steht Tina Kaiser zwischen 12 Uhr und 13.30 Uhr auf, je nachdem, wie lange sie gearbeitet hat bzw. ob Termine anstehen. Oder wenn die Aussicht besteht, dass die Sonne scheint. »Als Nachtmensch muss ich darauf achten, dass ich viel Sonne bekomme, das ist wichtig für die Gesundheit.«

Arbeitsantritt ist spätestens um 24 Uhr. Denn Tina Kaiser versucht möglichst, zwei Stunden vor ihrem Auftritt im Sender zu sein, um sich vorbereiten zu können. »Ideal ist, wenn ich mich vorher nicht noch einmal hinlege, sondern etwas unternehme: ins Kino gehe oder mich mit Freunden treffe. Dann bin ich auf einem guten Wachpegel.«

Im Sender stehen zunächst einmal die Redaktionskonferenzen an. Tina Kaiser bespricht mit ihrer Ko-Moderation und der Redaktion den Ablauf der Sendung. Es wird festgelegt, welche Spiele gespielt werden und ob es Sachpreise gibt, deren Sponsoren genannt werden müssen. Nach der Redaktionskonferenz wählt sie ihre Garderobe aus. »Die Stylistin hängt mir verschiedene Alternativen hin, aus denen ich dann eine aussuchen kann. Sie selbst ist um diese Zeit schon im Bett.« Die Maskenbildnerin hingegen kann nicht so einfach nach Hause geschickt werden, denn nur sie kennt Tricks und Mittel, mit denen man einen müden Teint zum Leuchten bringt. »Unter einer Stunde geht hier meist nichts ab. Der Vorteil ist, dass ich hier herkommen kann, wie ich will, und dann hier zurechtgemacht werde. In einem normalen Bürojob ist das ja nicht möglich. Da muss man leider schon gestylt ankommen.«

In ihrer Sendung schüttet Tina Kaiser dann Gewinne aus oder hält einfach einen netten Plausch mit einem Anrufer. »Schön ist es, wenn viel los ist und andauernd Leute anrufen. Dann ist man in Aktion und muss gar nicht daran denken, dass man vielleicht schon müde sein könnte.« Die eigentliche Herausforderung stellt sich, wenn die Leitungen stillstehen und die Moderatorin auf sich gestellt ist. Das kann manchmal fünf, manchmal auch zehn oder zwanzig Minuten dauern. »Dann muss man improvisieren. Es gibt mehrere Möglichkeiten, über solche Durststrecken hinüberzukommen. Am liebsten erzähle ich etwas über den Kinofilm, in dem ich gerade war. Oder ich unterhalte mich mit der Regie.«

Dieses Talent, den spontanen Einfällen ihren Lauf und sich durch nichts aus der Ruhe bringenzulassen, nutzt Tina Kaiser auch bei Präsentationen auf Galas, Messen und Firmenevents. Seit immerhin schon 2004 moderiert sie verschiedene interaktive Call-in-Formate und ist dabei durch die harte Schule der Live-Moderation gegangen. Einen Teleprompter kennt sie nur aus Erzählungen, eine Erfahrung, die sie auf der Bühne und vor Publikum ausspielen kann. »Ich bin auf alles gefasst, und wenn mal etwas nicht so läuft, wie es besprochen oder geplant war, kann ich improvisieren und das Publikum dennoch bei Laune halten. Mir fällt immer etwas ein. Wenn man es gewohnt ist, live zu moderieren, fühlt man sich eben souverän, egal was passiert.«

Die Eventmoderationen bringen aber auch neue Aufgaben mit sich und erweitern somit das Spektrum: »Wenn mich eine bestimmte Firma engagiert, um durch einen Abend zu führen, kann diese von mir erwarten, dass ich die Firmengeschichte kenne.« Genauso kann man sicher sein, dass sie sich mit Tierschutz auskennt, wenn sie durch eine Aktivisten-Gala führt. »Natürlich mache ich das auch, weil ich mich weiterentwickeln möchte. Sich neue Arbeitsfelder zu erschließen ist nicht nur angesichts der Medienkrise, sondern auch für die persönliche Entwicklung ratsam.« Um am Ball zu bleiben, nimmt die Moderatorin regelmäßig Sprechunterricht oder besucht Kamera-Coachings. »Man kann nie auslernen, und man putzt Fehler, die sich eingeschliffen haben, wieder aus.« Ein Training, das auch für Einsteiger geeignet ist, denn: »Welcher Meister ist schon vom Himmel gefallen? Dabei kann man auch sehen, ob man wirklich Talent hat oder einfach nur ›Irgendwas-mit-Medien‹ machen möchte.«

Wie wird man überhaupt Moderatorin? »Am besten ist, man versucht sich bei kleineren Veranstaltungen. Schulfeste, Familienfeiern – alles zählt, und das nimmt man dann auf. Oder man stellt sich vor eine Digicam und versucht, in die Kamera zu reden.« Dann sucht man sich eine Agentur. »Die findet man im Netz. Wichtig ist es, darauf zu achten, dass die zwei, drei gute Namen vertritt. Dann ruft man dort an. Dafür braucht man ein dickes Fell: Absagen soll man nicht persönlich nehmen. Ich etwa würde eher für die Unterhaltungsschiene als für ein Nachrichtenformat gecastet werden. Wenn die Agentur aber schon mehrere meines Typs vertritt, dann ist klar, dass die mich nicht auch noch nehmen.«

Hier die Adresse einiger Moderatorenagenturen, bei denen Sie sich bewerben können:

Pool Position Management GmbH
Eifelstraße 29
50677 Köln
0221 9318060
www.pool-position.net

Nowak Communications GmbH
ABC-Straße 38
20354 Hamburg
040 3499993
www.nowak-communications.de

BWM Communications GmbH
Grimmstraße 4/1. OG
80336 München
089 56823285
www.bwm-com.com

3Steps2heaven
Sonnenstraße 8
80331 München
089 30668820
www.3steps2heaven.de

Gastronomie

Wenn die Lerche Feierabend macht, dann will sie zwar nicht immer, aber ab und zu doch etwas erleben. Meist geht sie aus. Schön essen, hin und wieder ordentlich feiern – egal, Hauptsache Abstand von der öden Arbeitsroutine finden. Doch was für die Frühaufsteher und Frühfeierabendmacher bloße Zerstreuung bedeutet, ist für das Eulen-Lager Vergnügen aus Berufung. In Kneipen, Bars, Restaurants, Hotels oder Clubs können Nachtmenschen ihre Neigung, die Nacht zum Tage zu machen, voll ausleben – und dabei sogar noch Karriere machen.

Der Barkeeper

»Martini gerührt und nicht geschüttelt – wenn gerade ein James-Bond-Film im Kino läuft, steigen die Martinibestellungen rapide. Dann hat jeder Lust auf ein bisschen Bond am Tresen, besonders die Männer.« Uwe Christiansen zählt zu den besten Barkeepern Deutschlands. Seine Meriten erwarb er sich in Hotels und Bars der großen weiten Welt: In Kapstadt stand er im *Charlie Parkers* hinterm Tresen, im griechischen Kalithea leitete er die Bar des *Athos Palace Hotels*, in Seattle mixte er auf der *MSY Wind Spirit* und auf den Luxuslinern *MS Hamburg* oder der *MV Queen Elizabeth* servierte er einem illustren Publikum seine bunten Kreationen. Als Barchef von Hamburgs berühmtem *Angie's Nightclub* brachte er schließlich die Atmosphäre der klassischen amerikanischen Cocktailbar in die Stadt. »Ich war der erste echte Barkeeper«, erzählt Christian nicht ohne Stolz.

Sechs Jahre lang rührte und schüttelte Christiansen hier

Drinks an, dann kam ein Angebot, das so leise war, dass Christiansen es beinahe überhört hätte: »Nach dem Aus des legendären *Mayer Lansky's* ist in das gleiche Lokal das *Knickerbocker* eingezogen, und die Betreiber haben es verrissen. Sie fragten mich dann, ob ich jemanden kenne, der das übernehmen könne. Erst drei Tage später ging mir auf: Ich! Ich könnte das machen. Das war zwar keine Toplage, aber für ein Topkonzept braucht man auch keine Toplage. Ich hab zugesagt.« Mit der Bürokratie gab es keine Probleme. »Ich bin zum Gesundheitsamt gegangen und hab einen Frikadellen-Schein gemacht – das ist eine Hygienebelehrung.« Schwieriger war die Finanzierung. »Zum Glück hatte ich etwas gespart, dadurch hatte die Bank mir vertraut und mir Sicherheiten gegeben.«

1997 war Christiansen sein eigener Chef. 1998 bekam er den ersten wichtigen Preis: Der *Playboy* kürte das *Christiansens* zur »Bar des Jahres«. Seitdem wollen dort nicht nur Möchtegern-James-Bonds auf ihre Kosten kommen. Der Laden boomte, Christiansen musste expandieren: 2003 eröffnete er *Das Herz von St. Pauli*, eine traditionelle Kneipe mitten auf der Reeperbahn, 2009 übernahm er die *Bar Cabana*, ein Laden mit Karibik-Flair.

Drei Bars an drei unterschiedlichen Standorten auf und rund um Hamburgs umkämpfter roter Meile. Natürlich bekommt auch Christiansen den Wettbewerb zu spüren. Kneipen gibt es an jeder Ecke. Der Deutsche Hotel- und Gaststättenverband zählt – für das Jahr 2009 – 182 008 Gaststätten. Dazu kommen 44 976 Herbergen, Hotels, Pensionen, Ferienwohnungen sowie 11 233 Kantinen und Caterer. Über eine Million Menschen verdienen in diesem Gewerbe ihr Geld, 55 Milliarden Euro Jahresumsatz netto macht die Branche schätzungsweise. Zwölf Prozent davon erwirtschaften die zirka 38 000 Betriebe, die sich allein auf den Ausschank von Getränken konzentrieren. Das ist Christiansens Feld: »Unsere Mitstreiter auf dem Kiez versuchen uns mit Happy Hour oder Drink-Flatrates in die Knie zu zwingen. Wir machen das nicht mit. Und offenbar gelingt es uns, unsere Gäste auf andere Weise zu halten. Sie kommen gerne und bleiben lange.«

Das mag auch an einem diskreten Umgang mit launigen und betrunkenen Gästen liegen. »In den 13 Jahren, die ich das *Christiansens* nun führe, gab es erst zwei Personen, die ausfallend wurden und die wir dann handgreiflich rausschmeißen mussten. Beim *Herz von St. Pauli* kommt das öfter vor. Da ist die Klientel auch mal etwas rabiater. Am besten ignoriert man solche Leute. Das Einzige, was die wollen, ist doch Aufmerksamkeit. Oft reicht es, wenn man sich dann den Vernünftigsten aus der Gruppe zur Seite zieht und ihn bittet, seinen Kumpel ruhigzustellen. Wenn das nicht klappt, sind die Türsteher gefragt oder die Polizei. Oder wir schmeißen Randalierer selbst raus – aber nur, wenn das ohne Blessuren geht. Das gehört eben zum Nachtleben dazu, das ist halt etwas rauer.«

Auch wenn im Dunkel der Nacht manchmal die Dämonen der Trunkenheit und der Gewalt heraufbeschworen werden, möchte Uwe Christiansen diese Stunden nicht missen. »Ich liebe die Nacht. Ich liebe einfach diese Atmosphäre, wenn sich die Dunkelheit über die Straßen legt. Egal, wann ich mit der Arbeit fertig bin, ob es zwei Uhr ist oder wieder einmal fünf Uhr geworden ist, ich fahre mit meinem Motorrad dann noch einmal über die Reeperbahn, schaue mir an, wie die letzten Nachtschwärmer noch einen Absacker trinken oder in ein Taxi nach Hause steigen, und wie so langsam die Lichter ausgehen. Ich bin noch nie gerne früh zu Bett gegangen.«

Nicht nur mit seinen Schlafgewohnheiten, auch auf seinem Fachgebiet hat sich Christiansens Berufsweg früh abgezeichnet. Der gelernte Lebensmitteleinzelhandelskaufmann erzählt: »So absurd das klingt: Ich habe mit 18 im Partykeller meiner Eltern eine Cocktailbar eröffnet. Dabei war es gar nicht so einfach, die ganzen Zutaten zu bekommen. Ich komme vom Dorf. Zum Glück hatte mein Vater den ersten Selbstbedienungsladen in Schleswig-Holstein und hat mir dann Zutaten wie Ananassaft besorgt – das war Ende der 70er und in einem Dorf wie Hohenwestedt hochexotisch.« Geübt hat er zunächst anhand klassischer Lehrbücher, das Equipment beschränkte sich auf einen Cocktailshaker und ein Cocktailsieb. Heute ist Christiansens Arbeitsplatz seine Bühne. 650 verschiedene Liköre, Brandys, Whiskys, Gins, Wodka- und Rum-Sorten, Portweine, Sherrys, Martinis und Bitter säumen die gläsernen Regale, dazu gesellen sich Säfte, Sahne, Milch, Nusscremes, Soft- und Energiedrinks sowie Zubehör. Vom Siphon über Pressen bis zum Schneidebrett, alles muss jeden Abend am gleichen Platz stehen, damit jeder Griff auch blind gelingt. 200 Cocktails bietet Christiansens Karte. Darüber hinaus nimmt der Barmann auch persönliche Wünsche entgegen.

Christiansen selbst ordert am liebsten einen sogenannten »French 75«, einen Champagnercocktail mit Gin, Zucker und Zitrone, wenn auch eher selten. »Ich trinke kaum Alkohol. Man hilft den Gästen, sich wohl zu fühlen, bereitet ihnen einen schönen Geburtstag, animiert sie dazu, Spaß zu haben, und manchmal verkuppelt man sie auch. Da geht meine ganze Energie rein, und die ist dann verpulvert, wenn ich mich selbst feiern müsste.«

Privat lässt er es auch eher ruhig angehen. Nach dem Dienst noch die Tour über die Reeperbahn, dann ab nach Hause in seine 42-Quadratmeterwohnung, Ausschlafen bis mindestens elf oder, wenn es am Wochenende mal bis in die Morgenstunden ging, auch bis 14 Uhr. Das Weckerklingeln fällt aus, das Frühstück nicht. Schließlich braucht er für seinen Job Kraft.

Anschließend geht es ins Büro: »Früher, als ich als Barchef angestellt war, hab ich mich nur um die Getränke gekümmert, heute hab ich den ganzen betriebswirtschaftlichen Kram an den Hacken: Bestellungen aufgeben, Lieferungen annehmen, Bestände prüfen, Dienstpläne aufstellen, Bankgeschäfte tätigen, Briefe schreiben und beantworten, gucken, ob das Personal da ist oder jemand vielleicht krank ist. Dann wird das Lokal kontrolliert. Ist alles da? Ist alles richtig aufgebaut? Ist alles sauber?« So geht es bis 17.30 Uhr. »Dann kommen meine heiligen anderthalb Stunden. Ich esse zu Abend, gucke Regionalfernsehen, damit ich informiert bin, was in der Stadt so los ist, und lege mich noch einmal für eine Viertelstunde aufs Ohr. Das brauche ich einfach, um meine Batterien aufzuladen. Wenn mich da jemand stört, werde ich sauer.« Und dann geht es wieder hinaus in die glitzernde Welt der Nacht und der Cocktails …

Wer eine Cocktailbar (oder eine Kneipe) eröffnen will, hat Pflichten, aber auch die Möglichkeit, sich langsam an die Sache heranzutasten.

Zunächst die Pflichten: Vier Konzessionen sind nötig, bevor man die Pforten öffnen kann:

1. Gewerbe anmelden: Wer eine Bar oder Kneipe aufmachen will, muss einen Gewerbeschein besitzen. Es gibt keine zentrale Erfassung, zuständig ist das örtliche Gewerbeamt.

2. Hygiene-Belehrung: Der sogenannte »Hackfleischkurs« oder »Frikadellenschein« ist eine Hygieneschulung, die das Gesundheitsamt durchführt. Man lernt, wie man mit verderblichen Lebensmitteln wie Hack, Milch, Eiern etc. umgehen muss. Ein Besuch dieser Schulung ist Pflicht, dauert aber höchstens einen Vormittag. Die offizielle Bezeichnung lautet: Belehrung gemäß § 43 Abs. 1 Nr. 1 Infektionsschutzgesetz. Diese Belehrung müssen auch alle Mitarbeiter absolvieren.

3. Bauaufsicht: Man sollte sich erkundigen, welche baulichen Auflagen für die Eröffnung eines gastronomischen Betriebs in Hinblick auf Hygienestandards und Sicherheit nötig sind. Achtung: Diese Auflagen unbedingt einhalten! Die Kontrolleure kommen unangemeldet und in unregelmäßigen Abständen vorbei.

4. Musik: In jeder Bar und in jeder Kneipe läuft Musik. Das gehört dazu. Aber nichts ist umsonst. Auch die Künstler und Interpreten wollen bezahlt werden. Die GEMA (Gemeinschaft für musikalische Aufführungs- und mechanische Vervielfältigungsrechte) sorgt dafür, dass diese ihren Anteil bekommen, und treibt deshalb

die Gebühren ein. Damit man keine überraschende Zahlungsaufforderung bekommt, lieber gleich bei der zuständigen GEMA-Bezirksdirektion anrufen. Die Nummer erfahren Sie unter www.gema.de

Eine umfassende Grundlage bietet der »*DEHOGA Deutscher Wirtebrief*«. In mehreren aufeinander aufbauenden Modulen kann man Kenntnisse zu verschiedenen Schwerpunkten erwerben. Im Betriebswirtschaftsmodul stehen Wareneinsatzkontrolle, Kalkulation, Gastgewerberecht, Buchhaltung, Steuern, Löhne und Gehälter auf dem Programm, im Fach Personalführung Arbeitsrecht, Umgang mit Auszubildenden, Mitarbeiterführung und Rekrutierung von Mitarbeitern. Im Bereich Marketing entwickelt man PR- und Umsatzsteigerungsstrategien. Wer die abschließende Prüfung besteht, kann sich fit für eine Existenzgründung im Gastgewerbe fühlen. Umfassende Informationen, auch über die regionalen Voraussetzungen für eine Existenzgründung im Gastgewerbe, erhält man unter:

Deutscher Hotel- und Gaststättenverband e.V.
(DEHOGA Bundesverband)
Am Weidendamm 1 A
10117 Berlin
030 7262520
www.dehoga.de

Der Partymacher

Seine Anfänge feierte der Veranstalter Michael Ammer in Hamburg-Eimsbüttel, einem eher bürgerlichen Stadtteil der Hansestadt, in dem tagsüber Kinderwagen die engen Bürgersteige verstellen und nachts um spätestens 23 Uhr die Lichter ausgehen, weil die Menschen sich hier für ihren früh beginnenden Arbeitstag als Lehrer, Arzt oder Anwalt rüsten müssen. Ausgerechnet inmitten dieser großstädtischen Provinz öffnete 1989 in einem alten Varieté-Theater aus der Jahrhundertwende ein Club, der es mit den großen Tanztempeln der Weltmetropolen New York und London aufnehmen konnte. Das *Trinity* punktete mit 200 Quadratmetern Tanzfläche, viel Marmor, Spiegeln und 1000 Lampen, deren Licht ein Light-Jockey zu futuristischen Effekten zusammenmischte, sowie 30 Lautsprechern und zwei Basslautsprechern, die im Fundament eingelassen waren und über deren konstantes Wummern sich nicht wenige Nachbarn beschwerten.

Doch was hilft schon der größte technische Aufwand, wenn man es nicht schafft, einem solchen Laden Leben einzuhauchen. Genau das machte sich Michael Ammer zur Aufgabe. Der gelernte Groß- und Außenhandelskaufmann heuerte dort als Pressemann an und stellte sich an den Einlass. »Ich habe wie Studio-54-Boss Steve Rubell als Selekteur an der Tür gestanden und darauf geachtet, dass viele hübsche Mädels reinkommen«, erzählt Ammer von seinem ersten PR-Coup. Denn wo sich schöne Mädchen tummeln, sind auch Männer nicht weit, besonders solche, die ihre Umgebung gerne mit Magnum-Champagnerflaschen und Centurion-Kreditkarten beeindrucken wollen. Als weitere

PR-Aktion richtete er die Aftershowpartys für die großen Acts der Hamburger Sporthalle aus – unter anderem für Billy Idol, Joe Cocker, Eros Ramazotti, Depeche Mode, David Bowie, a-ha und Prince.

Junge schöne Mädchen und Weltstars an einer Theke waren die perfekte Mischung. »Das *Trinity* war viel exzessiver als das *Studio 54*. 2000 Partyfreaks pro Abend, am Wochenende Schickimicki und schrille Nachtvögel. Total wilde Leute, die nach Grenzerfahrungen und Bewusstseinserweiterung suchten.«

Natürlich blieb so ein wildes Treiben von der Hamburger Presse nicht unbemerkt, auch weil Ammer sich nicht scheute, selbst zum Hörer zu greifen und die Nachtredakteure vom Kommen und Gehen der Prominenten zu informieren. Aber es kamen eben nicht nur Prominente und Weltstars vorbei, sondern auch die Polizei kam – und das immer öfter. Es gab Razzien wegen Drogen, Zwangs- und Ordnungsgelder, weil die Verordnungen nicht eingehalten wurden. Irgendwann wurde der Laden dicht gemacht. Ammer war bald seinen Job los und saß auf der Straße – und suchte sich einfach einen neuen Laden. Er fand einen kleinen, aber nicht optimal geführten Club namens *Mezzanotte* im beschaulichen Hamburgereppendorf und machte den Besitzern ein Angebot, das sie offenbar nicht ausschlagen konnten. Wieder setzte Ammer auf ein altes Erfolgkonzept: Er lud die schönsten Mädchen der Vorstädte ein – damals sogar noch von eigener Hand. Er ging in die Boutiquen, sprach die Verkäuferinnen an, war sich nicht zu fein, Tresenmädchen anderer Clubs einzuladen, und verteilte seine Flyer großzügig vor Kinos und Shoppingzentren im Hamburger Speckgürtel.

Der Kontakt zu schönen Frauen wird ein Grundpfeiler seines Erfolgs. Heute hat er eine Datei von 9000 hübschen Frauen, die sich selbst für den VIP-Bereich seiner Partys bewerben, oft in der Hoffnung, dort ein Sprungbrett für ihre Karriere zu finden. Ammer: »Wir arbeiten in der Zwischenzeit mit renommierten Modelagenturen und Fotografen zusammen, die auf unseren Partys anwesend sind.«

Auch hier, wie bereits im *Trinity*, geht sein Erfolgskonzept auf. »Wo hübsche Mädchen sind, kommen Kerle mit Kohle.« Bald wurde es im *Mezzanotte* zu eng, und Ammer zog ins *Traxx* um, einen Club in einem Industriegelände unterm S-Bahnbogen. Hier stört sich niemand am beständigen Strom der an- und abfahrenden Gäste und am Gewummer der Bässe. Von dort aus expandierte er weiter, denn das *Mezzanotte* hatte nur 400 Plätze, das *Traxx* schon das Dreifache. Hinzu kam die Veranstaltung *Modelnächte* in den Clubs *Wollenberg*, *Valentinos* und *J's* im *Bunker*.

Zu den schönen Mädchen und den Männern mit Geld holte Ammer die Prominenten mit ins Partyboot. Dies war der Beginn seiner Karriere als »Partykönig der Republik«, wie ihn der *Focus* nannte.[53] Ammer bringt es auf die Formel: »Wo Promis sind, kommen die Mädchen. Wo Mädchen sind, kommen die Promis. Die lernen sich kennen. Und dann sind auch die Medien da und wollen darüber berichten.«

Doch sein Erfolg kommt nicht von ungefähr. Wie in seinen Anfangszeiten legt der Partymacher auch heute nicht die Hände in den Schoß, wenn er von einem durchgefeierten Wochenende in sein Zuhause in einem 30 000-Seelen-Städtchen an der Elbe zurückkehrt: »Ab Montag geht es dann wieder volles Programm los. Da muss ich die nächsten

Partys vorbereiten. Ich telefoniere den ganzen Tag herum. Meine Firma besteht aus mir und meinem Bruder. Der Rest sind Freischaffende – zum Beispiel Designer für die Gestaltung der Newsletter und Flyer. Ich mache das Booking für die DJs, die Tänzer, die Live-Acts. Dann spreche ich mit den Caterern, dem Shuttleservice, der Location, organisiere die Unterkunft für meinen ganzen Clan, gebe die Flyer in Auftrag, mache PR für die Events. Und sorge dafür, dass die Mädchen kommen. Ich mach in letzter Zeit auch viel mit dem Fernsehen.«

Für Neueinsteiger, die sich auf die Fährte des Platzhirsches der Partyszene begeben wollen, hat Ammer ein paar Tipps. »Man muss gut organisieren und delegieren können und nicht nur gute Ideen haben, sondern sie auch umsetzen können. Man sollte extrovertiert sein. Ansonsten hab ich nur zwei Tipps, die weiterhelfen könnten, gerade am Anfang: Um sich selbst bekannt zu machen, ist es gut, wenn man Promis zu seinen Partys einlädt und wenn man sich mit der Presse gutstellt und die über die Promis berichten können. Promis und Presse leben voneinander – und als Partymacher lebt man, gerade am Anfang, auch davon. Das Wichtigste sind allerdings Hunderte hübsche Partygirls – die bringen die Kiste zum Glühen!«

Partymacher ist ein Beruf für Autodidakten mit unterschiedlicher Vorbildung im künstlerisch-technischen oder kaufmännischen Bereich. Neuerdings bieten verschiedene Fachhochschulen staatlich anerkannte Ausbildungslehr- oder Studiengänge an, die wirtschaftliche, kreative und kommunikative Aspekte vereinen. Ein

Verzeichnis mit allen Ausbildungsstätten und Berufs-
zweigen findet man unter www.eventmanager.de/
berufe/berufe_anzeigen.asp.

Die TU-Chemnitz bietet den berufsbegleitenden
Masterstudiengang Event-Marketing an:
TUCed – Programmträger der TU Chemnitz
Reichenhainer Straße 29
09126 Chemnitz
0371 909490
www.tuced.de

Die Queen of the B's –
eine Dänin kämpft für den
gesellschaftlichen Wandel

Wenige haben den Mut, zu essen, wenn sie hungern,
noch wenigere den Mut, zu schlafen, wenn sie müde sind.
Alle haben wir die Neigung, uns zum Sklaven
der Stunde und der Überlieferung zu machen.
Theodor Fontane, *Aus den Tagen der Okkupation*

»Wenn du dich nicht verändern kannst, dann musst du die
Welt ändern« – die Dänin Camilla Kring hat sich erst gar
nicht auf die Tribute, die die Arbeitswelt fordert, eingelassen, und sich gleich selbständig gemacht. Die Frage, ob sie
sich frühmorgens aus dem Bett quält oder einen Nachtberuf
wählt, in dem sie ihre Stärke, abends länger durchzuhalten,
geltend machen kann, stellte sich ihr deshalb nie. »Ich
wollte selbst bestimmen, wie ich meine Zeit einteile«, sagt
die selbstbewusste Ingenieurin. In ihrer Doktorarbeit setzte
sie sich mit Problemen der Work-Life-Balance auseinander
und kam zu dem Ergebnis, dass alte, noch im industriellen
Zeitalter verhaftete Denk- und Arbeitsmuster weitreichende
volkswirtschaftliche Folgen nach sich ziehen. Eine Arbeitswelt, die zwischen 8 und 16 Uhr Abläufe konzentriert und
synchronisiert, verplempert Energie, weil alle zur gleichen

Zeit etwas wollen, und verursacht Leerläufe, weil alle zur gleichen Zeit keine Bedürfnisse haben. Sie provoziert Staus, Warteschlangen und besetzte Hotlines, volle Wartezimmer und leere Innenstädte. Die Folge davon sind Hetze und mehr Geschwindigkeit, und das Gefühl, dass das Leben draußen ohne einen selbst stattfindet – eine Gesellschaft im Hamsterrad und auf der Couch, denn die Anzahl der psychischen Erkrankungen steigt und der Umsatz von Beruhigungsmitteln und Antidepressiva ebenso. Camilla Kring findet deshalb: »Wir müssen uns die Herrschaft über unsere Zeit wieder zurückerobern.«

Ein Entkommen gibt es nicht, solange man sich den Verhältnissen anzupassen versucht, sondern nur dann, wenn man diese ändert und mit deren Anpassung an individuelle Bedürfnisse reagiert. Vor fünf Jahren gründete Camilla Kring deshalb die »B-Society«. Das B leitet sich vom chronobiologischen B-Typus ab, umgangssprachlich auch Langschläfer genannt. Die B-Society wirbt für eine Neuerung der sozialen Strukturen, tritt für einen Dialog zwischen A- und B-Typen und eine neue Gesellschaft ein, die nicht einen der beiden Typen bevorzugt, sondern Unterschiede in der biologischen Disposition anerkennt und verschiedene Arbeits-, Lebens- und Familienformen unterstützt.

Doch während die meisten, die für die Rechte und Belange der Langschläfer kämpfen (und sei es auch nur im privaten Rahmen), dies aus persönlicher Betroffenheit tun, sieht sich Camilla Kring nicht durch ihre chronobiologische Disposition beeinträchtigt: »Ich bin ein moderater B-Typ«, sagt sie. »Das heißt, ich kann mich durchaus den auf A-Typen abgestimmten Verhältnissen anpassen. In der Schule habe ich deswegen nie große Probleme bekommen. In der Arbeitswelt auch nicht, denn ich war nie fest angestellt. Ich würde aber in einem 9-to-5-Job sterben. Ich muss es morgens ruhig angehen lassen und finde dann erst in Laufe des Tages zu meiner Hochform. Deshalb setze ich mich mit meiner B-Society für Flexibilität und Toleranz in der Arbeitswelt ein.«

Doch wie kommt es, dass ausgerechnet jemand, der nie unter den Qualen des Frühaufstehens gelitten, in der Schule deswegen nie Schelte eingefahren hat oder dem nie in den Morgenstunden der Kopf auf die Tischplatte gesunken ist, sich für die Interessen von Langschläfern einsetzt? Für Camilla Kring ist die Antwort einfach: »Weil es notwendig ist. Rund 25 Prozent der Menschen sind Langschläfer bzw. B-Typen und nur rund 15 Prozent A-Typen bzw. Frühaufsteher. Der Rest tendiert zum B-Typus, auch wenn er sich durchaus anpassen kann. Im Umkehrschluss heißt das: Für 85 Prozent der Menschen ist eine Arbeitswelt, die auf Frühaufsteher zugeschnitten ist, nicht optimal. Im Gegenteil: Die Arbeitswelt und das ideologische Fundament des frühen Vogels basiert auf dem Biorhythmus einer Minderheit und verschaffen dieser Vorteile, während das Potential einer Mehrheit nicht genutzt wird. Auf Dauer kann sich keine Gesellschaft leisten, diese Kräfte ungenutzt zu lassen. Deshalb brauchen wir eine B-Society.« Eine Gesellschaftsform, die integriert, anstatt bestimmte Lebens- und Familienformen auszugrenzen und zu diffamieren. »Ich möchte eine Gesellschaft schaffen, die Alternativen zum herkömmlichen Rhythmus ›Früh zur Arbeit, früh wieder nach Hause gehen‹ ermöglicht und andere Bedürfnisse und biologische Dispositionen gelten lässt. Diese Zeitstrukturen sind keine unantastbaren Gesetze, sie müssen hinterfragt werden und durch neue, angemessene Zeitstrukturen ersetzt werden, die Differenzen integrieren.«

Darauf, dass veraltete Strukturen vorherrschen und von Nutznießern manifestiert werden, stieß Kring bei den Recherchen zu ihrer Doktorarbeit. »Ich habe mich darin mit der sogenannten Work-Life-Balance auseinandergesetzt und erforscht, wie man das Verhältnis zwischen Arbeit und Privatleben ausgeglichen gestalten kann.«

Als Ingenieurin ist Camilla Kring eine pragmatische Herangehensweise gewohnt. In ihren Augen hat unsere Gesellschaft folgende Probleme zu meistern:

Problem 1: Wir leben in einer A–Society

»Wenn ich sage: ›Wir leben in einer A-Society‹, bedeutet das: Es wird eine Arbeitsform begünstigt, die zwischen 8 und 16 Uhr stattfindet und durch ihre soziale Binnenstruktur manifestiert. Und daran anknüpfend eben nur eine Familienform. Der A-Typ wird durch die Institutionen und die infrastrukturelle Organisation unserer westeuropäischen Gesellschaft unterstützt. Kindergärten, Schulen, überhaupt das gesamte Erziehungs- und Bildungssystem, aber auch die Organisation unserer Arbeitswelt sind auf die Bedürfnisse von A-Typen abgestimmt. Ideologisch sind A-Typen ebenfalls im Vorteil. Es gilt in unserer Gesellschaft als gut, früh aufzustehen und den frühen Tag zu nutzen, dann wird man gleich als der bessere Mensch angesehen. Das ist wie eine Religion. Es wird ja schon in Kinderliedern gepredigt – *Bruder Jakob, schläfst du noch? Hörst du nicht die*

Glocken? In einer Agrargesellschaft wie der französischen, woher das Lied ursprünglich stammt, war es nötig, früh aufzustehen, um das Tageslicht zu nutzen. Aber das ist ein Biorhythmus, der von der Kuh bestimmt wird, die frühmorgens gemolken werden muss, und ein Denken, das an die Muster einer industriellen Gesellschaft anknüpft, in der es als gut galt, dass man die Menschen beim Arbeiten an der Maschine sah und sie dabei beobachten und kontrollieren konnte, weil man die Arbeitsabläufe synchronisieren und aufeinander abstimmen musste.«

Aber auch moralisch sehen sich die Frühaufsteher oft als die überlegenen Menschen – und diese Moral manifestiert sich in ihren Interessen und Lebensmodellen. »Ein A-Typ würde niemals der verwunderten Frage ausgesetzt sein: ›Du gehst schon so früh ins Bett? Da verpasst du ja so viel!‹ Im Gegenteil: Wenn jemand erzählt, dass er früh aufgestanden ist und damit prahlt, was er alles bis zum Mittag schon erledigt hat, bekommt er nicht nur die volle Anerkennung seines Umfeldes, er hat auch bessere Karrierechancen. Wenn man, wie ich es getan habe, die Vorstandsvorsitzenden der großen, weltweit operierenden Unternehmen befragt, wann diese denn zu Bett gehen, dann bekommt man die einhellige Antwort: um 22 Uhr. Die Antwort: ›Ich stehe erst um 10 Uhr morgens auf!‹ kommt hingegen nie. Dabei sei dahingestellt, ob die Antworten der Wahrheit entsprechen – es geht mir darum, die soziale Akzeptanz bestimmter Verhaltensweisen darzustellen und zu zeigen, was gesagt werden darf und was nicht.

Die Lösung, die ich für das Problem anbiete, dass wir in einer A-Society gefangen sind, lautet: Wir brauchen eine B-Society. Das heißt, eine Gesellschaft mit Kindergärten, Schulen, Arbeitsplätzen, welche auf individuelle Familien- und Arbeitsformen flexibel reagiert und diese unterstützt.«

Eine Forderung, die nicht leicht umzusetzen ist. Nicht nur, weil der Mensch an sich generell eine Abwehr gegen Veränderungen in seinem Umfeld hegt, sondern auch, weil sie Ängste schürt – besonders bei Chefinnen und Chefs, weil die Forderung, später am Arbeitsplatz erscheinen zu dürfen, mit Arbeitsverweigerung gleichgesetzt wird.

Aber Camilla Kring setzt darauf, den Effekt dieser Maßnahmen herauszustreichen: »Wenn man zufrieden ist mit dem, was man hat, und findet, dass man ein schönes Leben führt, ist man wesentlich produktiver, als wenn man unzufrieden und unglücklich, vielleicht auch dauerhaft übermüdet und deshalb krank ist. Produktivität hat mit dem Wohlbefinden der Menschen zu tun hat – das ist ganz einfach. Deshalb ist mein Ansatz: Lasst die Leute arbeiten, wann sie wollen und wo sie wollen! Wir benutzen eher unser Hirn als unsere Hände, wie es in einer Wissens- und Informationsgesellschaft üblich ist, und wir müssen unsere Gesellschaft in der Hinsicht erweitern, dass Menschen verschiedener biologischer Rhythmustypen mit ihren verschiedenen Arbeits- und Familien- und Lebensformen darin Platz finden. Ich möchte einen neuen Weg finden, Produktivität mit Flexibilität und Lebensqualität vereinbar zu machen. Das Wort Produktivität verstehen die Arbeitgeber, und die Forderung nach ›mehr Produktivität‹ ebenso.«

Problem 2: Es herrscht der Arbeitsmodus der Industriegesellschaft, der auf Präsenz und Kontrolle beruht

»Das Credo dieser veralteten Arbeitsformen heißt: ›Wenn ich dich sehe, dann arbeitest du. Wenn ich dich nicht sehe, dann arbeitest du nicht‹. Die Synchronizität von Arbeitszeit und Arbeitsort beruht nur auf einer Denkweise, die in einer Industriegesellschaft Sinn ergibt, eben weil die Produktivität an ein Büro, eine Maschine oder an einen Platz gebunden war. Diese geistige Haltung, dass man umso produktiver ist, je mehr Zeit man am Arbeitsplatz verbringt, bestimmt immer noch die Strukturen unserer heutigen Arbeitswelt. Aber 80 Prozent der Wertschöpfung einer Firma beruht auf immateriellen Dingen – auf Ideen, Erneuerungen, Erfindungen, Kreativität, Marken, Organisation, Management. In der Zukunft wird die Wertschöpfung einer Firma noch mehr auf immateriellen Dingen beruhen.«

Das Denken, dass nur wer früh aufsteht oder anwesend ist, auch fleißig ist, ist tief verankert. Bezeichnenderweise gibt es nur wenige Länder, in denen es bislang möglich war, eine B-Society zu gründen. Außer Schweden, Norwegen, Österreich, Holland, England und der Schweiz scheinen die meisten Länder noch an ihren alten Strukturen festhalten zu wollen. »In Deutschland herrscht eine Kultur der Präsenz, der Kontrolle und des sich für die Firma Aufopferns, weniger des Vertrauens und Miteinander-Abstimmens«, meint die Dänin. »Das Credo lautet auch hier: ›Ich sehe dich, also arbeitest du.‹ Ich nenne das immer: ›Die Olympischen Spiele des Sich-den-Hintern-Plattsitzens‹.«

Aber in einer Wissens- und Informationsgesellschaft ist Präsenz nicht mehr nötig. Wer früh aufsteht, muss nicht unbedingt immer derjenige sein, der den Wurm fängt. »In einer globalisierten Welt kann man auch der Erste sein, wenn man nachts um zwei Uhr mit der Börse in Tokio telefoniert, die gerade öffnet«, so Camilla Kring.

Problem 3: Jeder Mensch hat individuelle Bedürfnisse
In einer von industriellen Standards des 19. Jahrhunderts geprägten Arbeitswelt wird der Einzelne gezwungen, sich den Arbeitszeiten anzupassen und am Arbeitsort anwesend zu sein. Seine Individualität wird den sozialen Anforderungen untergeordnet. Kring erläutert: »Es besteht die weitverbreitete Annahme, dass sich B-Typen nur der Gesellschaft anpassen müssen, dann würde alles gut. Und es herrscht der Glaube, dass das alles ganz einfach und ohne gesundheitliche Probleme vonstatten gehen kann. Dass B-Typen in einer A-Gesellschaft nicht funktionieren, wird ihnen als individuelle Charakterschwäche ausgelegt. Sie gelten als faul, träge, undiszipliniert, und sie sollen doch einfach etwas früher zu Bett gehen. Aber dies ist die Ideologie einer Gesellschaft, die in ihren Strukturen auf A-Typen ausgerichtet ist und dabei übersieht, dass es sich nicht um individuelle ›Charakterschwächen‹ handelt, sondern um biologische Prädispositionen.«

Aber nicht nur alte Vorurteile haben sich manifestiert, man begegnet Änderungswünschen auch grundsätzlich mit Skepsis: »Viele denken, es ist etwas kindisch, dann arbeiten zu wollen, wann man am meisten leisten kann, weil sie denken: dann wird gar nicht gearbeitet. Sie glauben, es sei egoistisch. Aber ich denke, es gibt nichts Wichtigeres, als die Arbeit dem eigenen Rhythmus anzupassen. Man bleibt dadurch gesund und ist produktiver, weil man eben dann arbeitet, wenn man mental zur Höchstform aufläuft.«

Die Ingenieurin Camilla Kring spricht gerne in Bildern, und für das Zeitmanagement des Einzelnen in einer A-Gesellschaft drängt sich ihr das Bild von »Pac-Man« auf, dem Computerspiel, bei dem es nur ums Fressen und Gefressenwerden geht. Als Gegenmodell entwirft sie die Figur des »Supernavigators«, der selbstbestimmt und zum Nutzen der Gesellschaft durch Zeit und Raum gleitet. Aber: »Dieser neue Typus kann nur in einer neuen Gesellschaft sein Potential ausschöpfen. Die Aufgabe dieser neuen Gesellschaft ist es, zu ermöglichen, dass jeder sein Leben nach dem persönlichen Bedarf gestalten kann. Als Gesellschaft können wir die Individuen dabei unterstützen, ihre eigenen Ziele und ihre eigenen Wege dahin umzusetzen. Das Individuum verfolgt die eigenen Ziele durch individuelle Gestaltung seines Zeit- und Raumbudgets. Da ihm die Gesellschaft dies ermöglicht, nutzt es dieser wiederum durch erhöhte Produktivität.«

Der Effekt sei eine klassische Win-win-Situation – eine höhere Zufriedenheit, verminderte Krankenstände, die die Kassen entlasten, und eine höhere Produktivität kommen dem Gemeinwohl zugute. Die Lösung, die Camilla Kring anbietet, klingt einfach und zielt auf das Potential der Eigeninitiative und der Überwindung von Leidensdruck ab. Ihr Appell: »Gründen Sie eine neue B-Society im eigenen Land! Die Zeit ist reif für diese Thematik. Das habe ich am Erfolg der B-Society in Dänemark gemerkt!«

Das dass kein einfacher Weg ist, weiß Camilla Kring aus eigener Erfahrung. Am Anfang begegnete man ihr mit

Hohn und Spott: »Als ich die B-Society gegründet habe, haben viele dumme Witze über mich gemacht. Ich wurde ständig mit Bemerkungen angesprochen wie: ›Sind Sie jetzt schon wach?‹ oder: ›Sind Sie schon aufgestanden?‹ oder: ›Brauchen Sie noch einen Kaffee?‹« Aber der Widerstand bewies ihr, dass ihr Weg richtig war: »Je mehr Menschen gegen meinen Ansatz vom Strukturwandel in der Arbeitswelt kämpft, desto mehr zeigt es mir, wie viel Potential die Idee birgt. Ich kann darauf nur mit Geduld, Gelassenheit und einem weisen Wort von Arthur Schopenhauer reagieren: ›Wenn man eine neue Idee hat, wird man zuerst ausgelacht, dann bekämpft und dann dieser Idee beraubt‹. So geht es mir auch: Man muss durch alle drei Stadien durch.«

Respekt hat sich Kring dennoch schnell verschaffen können – mit Konsequenz und dem richtigem Background: »Der Grund dafür, warum ich letztlich doch auf zunehmende Akzeptanz stoße, ist, dass ich a) einen Doktortitel habe und b) Ingenieurin bin – so etwas wird ernstgenommen. Hätte ich ein vermeintliches Exotenfach studiert, wäre man mir mit noch mehr Skepsis begegnet. Aber so haben die Leute wohl gedacht, dass an dieser verrückten Idee etwas dran sein muss. Mein Anliegen war dennoch erst einmal ein heiteres lustiges Thema für den Boulevard. Immer wenn ich für einen Artikel fotografiert werden musste, sollte ich mich auf eine Couch legen und so tun, als ob ich gerade schlafe. Das habe ich abgelehnt, denn ich bin ja eine sehr aktive und produktive Person. Ich würde mich auch nie mit geschlossenen Augen fotografieren lassen. Denn mein Credo ist: Wenn du einen Traum hast, schlafe nicht, sondern mache den Traum wahr.«

Krings Traum von einer neuen Gesellschaft nahm am 27. Dezember 2006 mit der Gründung der B-Society Gestalt an. Bereits knapp drei Wochen später, am 15. Januar 2007, erschien eine Titelgeschichte in der dänischen Tageszeitung *Jyllands-Posten*. Seitdem steht ihr Telefon nicht mehr still. Das Medieninteresse wuchs exponentiell und steigerte sich schnell zu einem globalen Interesse. »Mein erster Erfolg hat sich über meine massive Medienarbeit eingestellt. Im ersten Jahr meiner Arbeit habe ich wöchentlich drei Interviews für große internationale Medien gegeben.«

Mit der Folge, dass sich weltweit neue B-Societys formierten. Heute vermeldet Camilla Kring stolz: »Wir haben 8000 aktive Mitglieder in 50 Ländern weltweit. Sogar aus Südafrika und Brasilien kamen Anfragen. Viele unsere Mitglieder erzählen, sie hätten ein Leben lang unter den Anforderungen ihrer Arbeitswelt gelitten und damit Probleme gehabt, sich den Anforderungen anzupassen, und seien darüber hinaus auch noch belächelt wurden. Erst durch uns haben sie erfahren, dass sie nicht charakterschwach sind, sondern dass ihre Neigung, länger zu schlafen, genetisch bedingt ist. Diese Erkenntnis hat ihnen so sehr geholfen, dass viele unserer Mitglieder sehr engagiert sind, in ihrem Umfeld und im Rahmen ihrer Möglichkeiten Strukturen aufzubrechen und neu und individuell zu gestalten. Deshalb beschreibe ich die B-Society auch als ›Be-Society‹ – ganz im Sinne des dänischen Prinzen Hamlet – ›To be or not to be?‹, ›Sein oder Nichtsein?‹. Das ist auch der Grund, warum ich dem Verein diesen Namen gegeben habe, obwohl ich oft auf Kritik gestoßen bin, weil einige denken, B klinge gegenüber A ein wenig sekundär, weil es im Alphabet an zweiter Stelle kommt. Aber für mich heißt es: Be alive, be yourself, be unique.«

Nicht nur medial, auch ganz konkret stellten sich bald nach der Gründung der B-Society erste Erfolge ein: »Ich habe in einer dänischen Radiosendung gesagt, dass es wichtig sei, eine B-Oberstufe zu gründen, weil besonders Jugendliche – das hat mit dieser Wachstumsphase und der hormonellen Umstellung zu tun – unter dem frühen Aufstehen leiden, und einen Aufruf gestartet: ›Wer eine B-Oberstufe gründen möchte, melde sich bitte bei mir.‹ Kurz darauf hat sich jemand aus Kopenhagen gemeldet, und wir haben gemeinsam die Schule nach B-Kriterien organisiert. Der Unterricht an dieser Schule beginnt nun erst um zehn Uhr.«

In der Folge meldeten sich nicht nur Firmen, Konzerne und Behörden bei der Aktivistin für eine ausgeschlafene Welt, um sie zu bitten, ihre Dienstpläne umzustrukturieren, sondern auch Menschen, die an den Schaltstellen der Macht saßen und ihr bei der Verwirklichung ihres Traumes beistanden: »Die ehemalige Familienministerin Carina Christensen hat immer wieder betont, dass es wichtig sei, zum Beispiel die Infrastrukturen für die Kinderbetreuung zu verändern. Die Arbeitszeiten sind auf den Zeitabschnitt 8 bis 16 Uhr ausgerichtet; wenn jemand sein Kind aber erst um 17 Uhr aus dem Kindergarten holen will, dann gilt er schon als Schwerverbrecher oder Rabenmutter. Das muss aber nicht sein, wenn man auch im Bereich der Kinderbetreuung flexibel reagiert und sich auf eine neue Gesellschaft einrichtet, die verschiedene Familienmodelle integriert. Dasselbe gilt für die Altenpflege: Kim Maskell, der Personalchef der Kopenhagener Sozialstationen, sagt, dass gerade im Pflegesektor Langschläfer sehr willkommen sind – denn diese könnten dann die Schichten am Abend übernehmen. Ein Mensch muss ja nicht nur von 8 bis 16 Uhr betreut werden – er lebt ja rund um die Uhr.«

Doch natürlich stieß ihre Initiative nicht nur auf Wohlwollen, sondern auch auf Kritik. Hauptbefürchtung von Camilla Krings Gegnern war, dass sie die Gesellschaft total umkrempeln und einen Konflikt zwischen A- und B-Typen schüren wolle. Sie überhörten den versöhnlichen Ansatz ihrer Gesellschaftskritik, in der es eher darum geht, *alle* Lebens-, Arbeits- und Familienformen zu integrieren und *sämtliche* Bedürfnisse flexibel aufeinander abzustimmen – egal ob man morgens mit Leichtigkeit aus dem Bett kommt oder abends länger durchhält.

Kring vermutet, dass dieses Missverständnis auch mit der Persönlichkeitsstruktur der A-Typen zusammenhängt, die nicht nur eine Gesellschaftsform verteidigen wollen, die auf ihre Bedürfnisse ausgerichtet ist, sondern auch schlichtweg kein Verständnis für Flexibilität in der Arbeitswelt aufbringen: »Wenn B-Typen oft mit dem Eindruck konfrontiert sind, dass A-Typen sie maßregeln und zurechtweisen, dann hängt das damit zusammen, dass diese sehr prinzipientreu und rigide sind und einen immergleichen Tagesablauf bevorzugen. Sie haben Angst vor Neuerungen. B-Typen sind flexibler, freiheitsliebender und offener im Denken. Sie sind durch Unregelmäßigkeiten im Tagesablauf nicht so leicht zu irritieren. Ich muss zugeben, es ist auffällig, dass es A-Typen schwerer fällt, für die Struktur von B-Typen Verständnis aufzubringen. Aber dafür können sie nichts, das hängt eben auch mit ihrer genetischen Veranlagung zusammen. Im Umgang miteinander sollte man wissen: Ein A-Typ fühlt sich in einem geregelten Umfeld wohler, ein B-Typ fühlt sich in einem immergleichen Umfeld wie in einem Gefängnis. Ein A-Typ wiederum fühlt sich von der Flexibilität eines B-Typen bedroht. Deshalb ist es mir wichtig zu betonen: Es geht in einer B-Society, wie ich sie mir vorstelle, darum, dass man ein Klima von Toleranz und Akzeptanz schafft, das hilfreich ist, um beide Typen in eine funktionierende, moderne Gesellschaft zu integrieren. Das geht nur, wenn man dem anderen seine Disposition nicht übelnimmt, sondern verinnerlicht, dass – egal ob A- oder B-Typ – dieser nichts dafür kann, wie er veranlagt ist. Denn: A-Typen sind zwar rigide, aber B-Typen sind auch nicht immer nett zu A-Typen – sie lassen sie durchaus spüren, wie spießig sie sie finden. Und wer will das schon von sich hören.«

Erst wenn beide Gruppen füreinander Verständnis und Toleranz aufbringen, Sticheleien unterlassen und das angeborene Schlafbedürfnis des anderen als gegeben hinnehmen, statt einander ändern wollen, ist eine Basis der Annäherung geschaffen. »Das Grundlegende ist, das jeder akzeptiert, dass der andere nicht böswillig ist, sondern aufgrund seiner biologischen Veranlagung andere Bedürfnisse hat. Dabei ist zu beachten, dass ein B-Typ die ganzen gesundheitlichen Risiken zu tragen hat, denen er ausgesetzt ist, wenn er sich einer Gesellschaft anzupassen versucht, die auf A-Typen ausgerichtet ist. Auch aus diesem Grunde sollten A-Typen mehr Akzeptanz ausüben und sollten Kommentare wie ›Ach, bist du auch schon da?‹ oder: ›Na, hast du den halben Tag verschlafen?‹ unterlassen. Solche Kommentare schüren nur Missmut, und wenn solch ein Klima vorherrscht, mindert man die Lebensqualität der Mitarbeiter, und wenn die Mitarbeiter sich in einer Firma nicht wohl fühlen, sind sie auch weniger produktiv.«

Es geht so gesehen darum, Brücken zu bauen, anstatt Gräben zu vertiefen. »Das Wichtigste ist, dass A- und B-Typen miteinander in Dialog treten. Natürlich möchte ein A-Typ in einer A-Gesellschaft leben. Das ist aus seiner Perspektive verständlich, denn es passt zu seinem biologischen Rhythmus, seiner Lebens- und Arbeitswelt und auch zu der Familienform, die er gewählt hat. Er hat viele Vorteile in unserer Gesellschaft, die seine Struktur bevorzugt. Warum sollte er das aufgeben?«

Wenn Camilla Kring Firmen oder Konzerne berät und versucht, die Dienstpläne so flexibel einzurichten, dass sowohl die Bedürfnisse von A- als auch die von B-Typen berücksichtigt werden, wird sie oft mit der Sorge konfrontiert, dass alles im Chaos ende, dass die B-Typen, die ohnehin im Verdacht stehen, vieles nicht so genau zu nehmen, und ihre Arbeitspflicht vernachlässigen könnten und man nie einen Moment finde, in dem man gemeinsam arbeite. Camilla Kring kann diese Befürchtungen leicht zerstreuen, indem sie sagt: »B-Typen sind sehr soziale Menschen. Wenn man ihnen die Freiheit gibt, ihre Arbeitswelt nach eigenen Bedürfnissen auszurichten, dann werden sie es einrichten, dass man sich trifft und miteinander redet und sich abspricht. Ein typischer A-Rhythmus beginnt um 6 Uhr morgens und endet um 22 Uhr abends; ein typischer B-Rhythmus beginnt um 10 Uhr morgens und endet zwischen 1 und 2 Uhr nach Mitternacht. Das sind lediglich vier Stunden

Zeitverschiebung, die zwischen den beiden Rhythmen bestehen. Das ist überwindbar. Und es gibt sogar ein paar Stunden, in denen beide synchron gut drauf sind: Nämlich von 11 bis 13 Uhr. In diese Zeit sollte man am besten die Besprechungen und Konferenzen legen.«

Wenn die B-Aktivistin von einer B-Society spricht, befürchten die meisten, dass sie mehr Nachtarbeit einfordern will – was natürlich Unsinn ist, denn es geht lediglich darum, beide Rhythmen optimal aufeinander abzustimmen: »Ich empfehle den A-Typen, in der ruhigen Zeit des Morgens, wenn die B-Typen noch nicht im Büro sind, sich möglichst ihr schwierigstes Projekt vorzunehmen, weil sie da in der Regel ungestört sind. B-Typen hingegen empfehle ich, sich das schwierigste oder wichtigste Projekt am späten Nachmittag vorzunehmen, wenn sie mental auf der Höhe sind und die A-Typen bereits Feierabend haben. So kann jeder die Zeit, in der er Ruhe hat, optimal und zum Wohle der Firma ausnutzen. Für einen A-Typen hört der Tag nach der Mittagspause meist auf. Da geht der Energiepegel konstant runter. Er ist ja schon seit sechs Uhr wach und hat seine besten Stunden am Morgen gehabt. Für einen B-Typen hingegen ist der Tag zum Abend hin offen. Er hat da keine energetischen Grenzen. Die sind ihm morgens gesetzt.«

Wenn beide chronobiologischen Rhythmen aufeinander abgestimmt sind, erhöht sich die Produktivität des Einzelnen und damit von allen. »Es ist wichtig, A-Typen deutlich zu machen, dass es nicht darum geht, ihre Arbeitswelt zu ändern, sondern um Verständnis für verschiedene Lebens- und Arbeitsformen zu werben und ihnen zu zeigen, dass auch sie in einer modernen, innovativen Gesellschaft, die verschiedene Lebensformen integriert, Vorteile genießen können.«

Solche Vorteile gibt es zahlreiche in einer B-Society, und zwar auf allen Ebenen – in der Familie, am Arbeitsplatz, im Geschäftsleben und im Alltag. Kring erklärt, wie man sich im Privaten die Vorzüge des anderen chronobiologischen Typus zunutze machen kann: »Wenn ein A-Typ mit einem B-Typ zusammenlebt und der A-Typ früher aufsteht, dann kann der schon einmal Brötchen und Zeitung holen, Kaffee kochen und den Frühstückstisch decken. Da haben beide etwas davon. Ein B-Typ wiederum kann dann das Abendbrot vorbereiten und anschließend noch den Abwasch machen. Auch da haben beide etwas davon.«

Auch im öffentlichen Raum kann eine Entzerrung der Gesellschaft von einer starren A-Society zu einer flexiblen B-Society für mehr Lebensqualität sorgen. »Denken wir an die Verkehrsstaus, die am Morgen und am Abend die Straßen blockieren«, erklärt Camilla Kring. »Wenn jeder zur selben Zeit zur Arbeit fährt, ist ein Stau die logische Konsequenz, unter der jeder zu leiden hat. Auch A-Typen ärgern sich darüber, im Stau steckenzubleiben. Wenn aber der Arbeitsbeginn flexibel gestaltet und auch auf die Bedürfnisse der B-Typen ausgerichtet ist, hat das Rückwirkungen auf die Infrastruktur: Die Staus lösen sich auf. Auch verbringt man einen Großteil der Mittagspause nicht mehr damit, in der Schlange an der Kantinenkasse zu stehen oder in einem überfüllten Restaurant auf sein Mittagessen zu warten, das nicht so schnell kommt, wie man es sich wünscht, weil eben zur gleichen Zeit viele andere Gäste bedient werden müssen. Die Hotlines der Auskünfte und Firmen werden entlastet, weil nicht alle zu den gleichen Stoßzeiten anrufen, und die Wartezeit wird für den Einzelnen kürzer.« Egal ob A oder B – dies sind alles Vorteile, die für jeden erfahrbar sind. Camilla Krings Credo fällt deshalb knapp aus: »Just b!«

Wer mehr über Camilla Krings Aktivitäten erfahren, ihren Newsletter abonnieren und überhaupt über alles informiert sein möchte, was ihr Engagement für Langschläfer bzw. B-Typen betrifft, der erkundige sich regelmäßig unter: www.b-society.org

Planet der Eulen – ein Traum

*Gebt den Leuten mehr Schlaf –
und sie werden wacher sein, wenn sie wach sind.*
Kurt Tucholsky

Es könnte ein so schöner Ort sein: Unser Planet, unser Land, unsere Stadt, unsere Straße, wo die verlöschenden Laternen der Straßenbeleuchtung einen stillen Wechsel der Tageszeiten ankündigen, ohne bereits mehrfach von Straßenkötern angepinkelt worden zu sein und ohne dem Risiko ausgesetzt zu sein, von Verkehrsrowdies umgefahren zu werden, die lieber einen Unfall in Kauf nehmen, statt auch nur fünf Minuten zu spät zur Arbeit zu kommen. In einer erträumten Welt der Langschläfer wird das Licht der Laternen von geschlossenen Fensterläden ausgesperrt, hinter denen viele Träumer noch abwarten, bevor sie sich dem neuen Tage anvertrauen.

Obwohl wir Eulen den Tag spät beginnen, bereitet uns der daraus resultierende späte Feierabend keine Verstimmung, denn wir arbeiten gerne. Wir wollen etwas schaffen, wir sind bereit, unsere Pflichten zu erfüllen. Nur nicht zu früh. Ohne aggressive Biestigkeit, ohne morgendlichen Dauerlauf, ohne Magengeschwüre. Der Langschläfermagen ist für eine morgendliche Schocktherapie ungeeignet. Er muss durch sanfte Stimulation erst in die Lage versetzt werden, der Nahrungsaufnahme zuzustimmen.

Der Blick aus dem Fenster zeigt mäßige Betriebsamkeit. Schulze von gegenüber steht schon vor der Tür, jedoch nicht, um zur Bahn zu eilen, sondern um entspannt auf den Zeitungsjungen zu warten, der heute mal wieder etwas später dran ist. Er nutzt die Wartezeit und schüttelt die Fußmatte aus. Schulzes Dienst beginnt heute erst um elf, damit kommt er immer am besten klar.

Auf der Straße erwartet uns nicht der tägliche Stau zur immergleichen Zeit. Ab und zu brausen ein paar Autos vorbei. Sie müssen nur kurz an der Ampel halten, weil der Verkehr eher tröpfelt als rauscht. Nur manchmal fließt der Verkehr zäh, dann nämlich, wenn eine gewisse Anzahl von Langschläfern auch für Langschläfer-Verhältnisse auf den letzten Drücker zur Firma finden. Ständige Staus und Wutanfälle aber gehören der Vergangenheit an. Und die sorgenvolle Hektik, mit der unsere Großeltern den Tag begannen, belächeln wir im Geschichtsunterricht und historischen TV-Mehrteilern, denn unsere morgendliche Geruhsamkeit führt uns in einen unverdorbenen Tag.

Da kommen auch die jugendlichen Schülerinnen und Schüler mit. Diese müssen auf dem Planeten der Eulen erst um zehn Uhr zum Unterricht erscheinen. Das verbessert ihren Notendurchschnitt erheblich. Rechtschreib- und Rechenprobleme gibt es kaum noch. Am Nachmittag werden gemeinsam Hausaufgaben gemacht und Gelerntes eingeübt. Holger Schwaennecke, der Generalsekretär des Zentralverbandes des Deutschen Handwerks, gibt in einem Zeitungsinterview seiner Begeisterung über das hohe Bildungsniveau des Nachwuchses und dessen Bereitschaft zur Leistung Ausdruck und lobt die allgemeine Pünktlichkeit. Denn nur wenigen misslingt es, um zehn Uhr auf der Matte zu stehen.

Im Büro zunächst das gleiche Bild, das auch schon unsere Großeltern gequält hat: Die Frühaufsteher-Community bildet einen festen Block innerhalb der Firma. Noch immer streift ihr missbilligender Blick die langsam und je nach Veranlagung und individueller Vereinbarung in Tröpfchenmanier eintrudelnden Langschläfer, die sich zum Mittagessen verabreden, um sich dort fröhlich von den schönen Dingen zu erzählen, mit denen sie den späten Vorabend verbracht haben. Sie haben ein Herz für ihre früh eintreffenden Kollegen, denn Langschläfer gönnen jedem das Seine und wissen auch: Die Frühaufsteher können nicht anders, als sich schon morgens auf verwaisten Straßen herumzutreiben, um als Erste vor Ort zu sein, die Kaffeemaschinen und Computer anzuwerfen, Akten zu sortieren, Vorarbeiten zu erledigen oder Gläser zu spülen. Ihre Natur gibt ihnen, genauso wie den Nachteulen, ihren Takt vor. Auf dem Weg nach oben stehen sich die Lerchen leider selbst ein wenig im Weg: Sie sind etwas zu unflexibel für die neue Arbeitswelt und beherrscht von der Angst vor Veränderungen. Umso wichtiger, dass man den Kollegen das Gefühl vermittelt, dass für sie in der Welt der Langschläfer selbstverständlich Platz ist, solange sie nicht wieder das Ruder übernehmen.

Die Entspannung, die den Planeten der Eulen auszeichnet, befördert die Gesundheit der Menschen allein schon durch die Entschleunigung am Morgen. Das Wissen um die

Öffnungszeiten von Institutionen, Ärzten und Handel zugunsten des langschläferischen Lebenswandels befreit uns von jedem hektischen Gedanken. Ein neues Grundgesetz regelt: Bauarbeiten dürfen erst ab 10.30 Uhr beginnen – ein Meilenstein in der Geschichte der Humanität. Es gibt in dieser Welt keine Nervensägen, die um 7 Uhr morgens die Fliesen von den Wänden fräsen, keine Horden mit schwerem Schuhwerk, die die Treppen hinaufstampfen, keine Presslufthammer, die um 7.30 Uhr angeworfen werden, um kurz danach bis zur Mittagspause zu verstummen. All diese Menschen genießen in dieser Welt vernünftigerweise keine Vorherrschaft mehr.

Frühstück bis 15 Uhr ist in der Welt der Langschläfer auch außerhalb Berlins inzwischen Standard in allen Cafés, und Mittagstisch bis 19 Uhr ist die Voraussetzung zur Erlangung einer Konzession für Gastronomiebetriebe. »Guten Morgen« wünscht man sich bis zum Mittag, ohne dass irgendwer das O mit Häme auflädt und unnötig ausdehnt.

Für die Langschläfer-Fundis gibt es selbstverständlich in allen Firmen Ruheräume. Diese haben rund um die Uhr geöffnet, denn Langschläferarbeitstage enden selbstverständlich auch mal erst am späten Abend oder tief in der Nacht. Langschläfer im Büro stört es nicht, während der Arbeitszeit die Sonne am Horizont verschwinden zu sehen. Je schneller sie sinkt, desto besser. Aggressives Tageslicht schadet der Iris und verbreitet die permanente Unruhephantasie, dass es eigentlich noch viel zu früh sei. Der sich ankündigende Abend hingegen beruhigt und löst bei dem Langschläfer noch eine späte Arbeitsblüte aus, in der er ein ordentliches Stück vom Tagespensum bewältigen kann.

Die Supermärkte sind rund um die Uhr geöffnet. Auch um drei Uhr morgens werden die Obstregale und Käsetheken aufgefüllt, und knusprige Brötchen sind auch dann zu haben, wenn eine nachtaktive Eule mal schnell vom Schreibtisch in die Mittagspause flieht, auch wenn genaugenommen zwölf Uhr mittags schon lange vorüber ist.

Die Rushhour ist ebenfalls Geschichte. Durchgehend gleitende Arbeitszeiten sorgen nach Feierabend für einen entzerrten Verkehrsfluss. Dabei lässt man sich gerne bummelnd von den Schaufensterlichtern der vielen lange geöffneten Läden das Profil beleuchten. Die besten Filme laufen immer noch ziemlich spät am Abend, aber in der Langschläferwelt entgeht dem televisionären Filmfreund nichts mehr. Der Mitternachtskrimi steht nicht in Konkurrenz mit dem Wecker. Einem späten Ausgang des Abends steht nichts entgegen.

Und wenn dann doch die Stunde schlägt, so legt sich der Langschläfer ohne Pein und Unruhe in sein Himmelbett. Das Erwachen erfolgt am selben Tage wie das Zu-Bett-Gehen. Der Langschläfer ist sich damit selbst näher, als es ein Frühaufsteher jemals sein könnte.

Auswertung: Testen Sie Ihr wahres Schlaf-Ich!

Frage 1: *Alles auf Zucker?* und Frage 8: *Fleisch oder Nudeln?*
Für Langschäfer gilt der allgemein bekannte Satz: »Ich brauche einen Kuchen nur anzusehen, und ich werde dick davon.« Diese Veranlagung hat ihren entwicklungsgeschichtlichen Ursprung in der Zeit der Jäger und Sammler. Die nachtaktiven Jäger aßen hauptsächlich hochwertiges Eiweiß, und Nachtmenschen sind genetisch noch immer so disponiert, dass sie Eiweiß besser vertragen als Kohlehydrate. Eulen, die einen vegetarischen oder veganen Lebensstil pflegen, finden in Sojaprodukten einen hochwertigen pflanzlichen Eiweißlieferanten.

Der Organismus der Ackerbauern und Viehzüchter hingegen, die es zum Melken der Kühe und Bestellen der Äcker früh aus dem Bett trieb, passte sich der auf den Feldern kultivierten Kost an. Die ihnen in der Veranlagung verwandten Frühaufsteher können deshalb Kohlehydrate aller Art essen, ohne anzusetzen. Ihre Bauchspeicheldrüse reagiert nicht mit vermehrter Ausschüttung des Fettmacher-Hormons Insulin.

Frage 2: *Verspüren Sie oft den Wunsch, Mittagsschlaf zu halten?*
Frühaufsteher können keinen Mittagsschlaf halten, weil ihre innere Uhr sie die ganze Zeit aufweckt. Sie brauchen das Sonnenlicht. Nachtmenschen hingegen sind meist nicht ausgeschlafen, weil die sozialen Zeiten sie in Bedingungen zwängen, die ihrem inneren Rhythmus ent-

gegenlaufen. Ihnen fehlen meist die letzten Minuten und Stunden zum Ausgeschlafensein, deshalb fällt es den Langschläfern leicht, mittags schnell einzuschlafen und verpassten Schlaf nachzuholen.

Frage 3: *Some like it hot – mögen Sie es scharf?*
Auch die Antwort auf diese Frage ist entwicklungs-geschichtlich begründet – und findet sich deshalb ebenfalls in der Zeit der Jäger und Sammler. Nacht-menschen sind genetisch und chronobiologisch mit den Jägern und Sammlern verwandt. Deren Hauptnah-rungsquelle war tierisches Eiweiß. Dieses wurde mit wilden Kräutern und Gewürzen verdaulich und ver-träglicher gemacht – ein Relikt, das offenbar heute noch bewirkt, dass Nachtmenschen gerne mit Sambal Oelek, Pfeffer oder Chilisauce nachwürzen, während die auf Kohlehydrate gepolten Lerchen, die Nachfah-ren der Ackerbauern und Viehzüchter, dabei mächtig ins Schwitzen kommen. Sie bevorzugen den Eigen-geschmack der Lebensmittel.

Frage 4: *Fünf gegen drei?*
Wie bei Frage 1, 3 und 8 hängt die Antwort auf diese Frage mit der genetischen Disposition der Eulen zum Fleischesser bzw. der Lerchen zum Liebhaber pflanzlicher Kohlehydrate zusammen. Da tierisches Eiweiß länger sättigt als pflanzliche Gerichte, sollten Langschläfer idea-lerweise nur drei Mal am Tag essen. Lerchen hingegen können, wenn sie sich an ihrer genetischen Disposition orientieren, fünf Mal am Tag zulangen.

Frage 5: *Leben lassen oder feste Regeln einhalten?* und
Frage 6: *Grüblerisch oder zupackend?*

Frühaufstehern ist es wichtig, dass ihr Leben in geordneten Bahnen verläuft und sie nichts Unvorhergesehenes aus der Kurve wirft. Dienst von 8 bis 16 Uhr – und das ein Leben lang? Für sie eine Traumvorstellung. Den Sommerurlaub immer in Torremolinos an der Costa del Sol verbringen? Wieso nicht – ist doch schön hier, denkt sich der Frühaufsteher. Veränderungen, Wechsel und Neuigkeiten machen ihn eher nervös, zumal der Frühaufsteher eine Tendenz zum Nachdenken und Grübeln hat. Er wägt alle Optionen gegeneinander ab und kommt doch nicht so recht zu einem Ergebnis. Er will halt alle Unwägbarkeiten vorwegnehmen – und so ist er oft ängstlicher, als sein geordnetes Leben es nötig macht. Die positivere Seite der Medaille: Frühaufsteher sind sehr genau, gewissenhaft und beständig.

Langschläfer hingegen neigen dazu, die Dinge so zu nehmen, wie sie kommen. Durch Routinen und Regeln fühlen sie sich eingeengt. Sie fürchten nichts mehr als den Stillstand und gehen (wenn sie nach ihrer wahren Natur leben) lieber ein Wagnis ein, als sich einem festen Plan unterzuordnen. Langschläfer sind die perfekten Freiberufler – immer einsatzbereit, auch wenn sie sich dabei selbst verschleißen (eines ihrer Mankos). Hauptsache, es wird nicht langweilig! Sie neigen zum Aktionismus und setzten lieber alles auf eine Karte, auch wenn sie im Nachhinein feststellen, dass sie einen Fehler gemacht haben. Entscheidungsschwach und grüblerisch sind sie nicht, eher zupackend und aktiv – und dabei leider oft auch ungenau. Andererseits sind sie auch im Allgemeinen von großzügiger Natur, und es fällt ihnen leicht, über die Fehler anderer hinwegzusehen.

Frage 7: *Tee oder Kaffee?*
Nachtmenschen, die ihre sozial bedingte Dauermüdigkeit mit Kaffee bekämpfen wollen, tun sich nichts Gutes. Denn je mehr sie davon trinken, desto müder werden sie – sie haben eine latente Unverträglichkeit gegen Espresso & Co. und eine Unverträglichkeit zeigt sich unter anderem darin, dass man nach Genuss eines bestimmten Lebensmittels ermattet. Deshalb kommt es zum typischen Phänomen, dass manche Menschen den ganzen Tag über Kaffee trinken und dennoch stets einschlafen könnten. Das sind Nachtmenschen.
Lerchen hingegen können ihrer Kaffeelust ungebremst frönen, ob Latte macchiato, Filterkaffee oder Espresso auf Eis. Den Frühaufstehern gibt das den Kick für den Rest des Tages. Eine Eule, die vom gleichen Wachmacher-Effekt profitieren will, sollte sich auf Tee verlegen, besonders auf unfermentierten grünen Tee. Nicht traurig sein, wenn die Vorstellung, Tee trinken zu müssen, die allergrausamsten Gedanken hervorruft – selbst Tee gibt es schon mit Kaffeearoma …

Danksagung

Kein Buch ist ohne die Hilfe von anderen möglich. Mein Dank gilt deshalb allen, die dazu beigetragen haben, dass dieser Ratgeber entstehen konnte: Freunde, die mir allerlei Erlebnisse aus ihrem demütigenden Leben als Langschläfer anvertraut haben und erlaubten, diese zu veröffentlichen. Bekannte, die mir mit Buch- und praktischen Tipps zur Seite gestanden haben. Kollegen, die – wenn auch nicht volles, so doch immerhin entgegenkommendes – Verständnis für meine Veranlagung aufgebracht haben.

Namentlich erwähnt seien Andrea Grobe, Renate von Löwis of Menar, Sascha Suden, Tina Kaiser, Dr. Marco Bertolaso, Uwe Christiansen, Michael Ammer, Camilla Kring und Till Roenneberg – sie alle haben sich von mir zu ihrer Tätigkeit oder ihrem Fachgebiet befragen lassen (und dabei glücklicherweise nicht auf einem Gesprächstermin vor elf Uhr bestanden). Ebenso selbstverständlich schien es ihnen, einen E-Mailwechsel nicht bei Einbruch der Abenddämmerung abzubrechen, sondern gerne auch bis nach Mitternacht zu verfolgen. Was bleibt da anderes zu sagen als: Danke!

Einen besonders warmherzigen Dank möchte ich meiner Schulfreundin und Agentin Bettina Querfurth aussprechen, ohne die dieses Buch nicht entstanden wäre. Eine Bibel quasi, die mit Vorurteilen und Behinderungen, die uns das Leben schwermachen, Schluss macht. Ich hoffe mit ihr, dass dieser ganze Terror endlich einmal ein Ende hat.

Und natürlich möchte ich Andreas Steffens hervorheben, der meine Neigung, bis elf Uhr zu schlafen, mit seiner Neigung, bis 13 Uhr zu schlafen, noch überbietet – und mir damit nicht nur jenes von früher Kindheit an antrainierte schlechte Gewissen genommen, sondern mich darüber hinaus auch noch gelehrt hat, dass ein Tag, der so angenehm anfängt, unbedingt mit einem Frühstück, das bis 16 Uhr andauert, begangen werden muss.

Anmerkung

1   Zit. nach: Attila Albert: »Sommerzeit: So tickt Ihre innere Uhr wieder richtig.« In: *BILD*, 29. März 2010, S. 4.

2   Zit. nach: *Deutscher Bundestag, 15. Wahlperiode, Drucksache 15/5459, vom 11. Mai 2005, Antwort der Bundesregierung auf die Kleine Anfrage der Abgeordneten Birgit Homburger, Angelika Brunkhorst, Dr. Karl Addicks, weiterer Abgeordneter und der Fraktion der FDP.*

3   »Lieber Herr Ministerpräsident« In: *BILD*, 5. März 2010, S. 2.

4   Ebd.

5   Vgl.: »Get up earlier, Germans tell Greeks«. In: *The Guardian*, 5. März 2010, Online-Ausgabe.

6   Zit. nach: »Jawohl, wir packen das.« In: *Mitteldeutsche Zeitung*, 25. Mai 2005, ohne Autor, Online-Ausgabe, Zugriff am 26. Januar 2001.

7   Zit. nach: »Werbekampagne: Land will Image aufbessern. Frühaufsteher als neue Zugpferde.« In: *Mitteldeutsche Zeitung*, 25. Mai 2005, Online-Ausgabe.

8   Zit. nach: Marlis Heinz: »›Eulen‹ und ›Lerchen‹. Das deutsche Schulsystem ist auf Frühaufsteher zugeschnitten.« Universität Leipzig: Pressemeldungen, Nummer: 2006/233, 1. August 2006, Online-Ausgabe.

9   Zit. nach: Jan-W. Schäfer: »Bild-Interview mit dem neuen Handwerks-Generalsekretär: ›Viele Schulabgänger kommen morgens nicht aus dem Bett.‹« In: *BILD*, 1. Januar 2010, Online-Ausgabe.

10 Zit. nach: Marlis Heinz, a. a. O.

11 Ebd.

12 Gespräch mit Till Roenneberg vom 15. Juli 2010.

13 Jürgen Zulley, Barbara Knab: *Unsere innere Uhr*. Freiburg et al., 2009, S. 27.

14 Ebd., S. 22.

15 Zit. nach: Günther Stockinger: »Chronobiologie: Trost für Eulen und Lerchen.« In: *Der Spiegel*, 22. März 2008, Nr. 13, Online-Ausgabe.

16 Zit. nach: Ebd.

17 Mit bestem Dank an Till Roenneberg für das ausführliche Gespräch, das wir am 15. Juli 2010 geführt haben.

18 Ebd.

19 Till Roenneberg: *Wie wir ticken*. Köln, 2010, S. 27.

20 Zitiert nach: »Spätaufsteher und der ›social jetlag‹. Arbeits- und Schulzeiten ignorieren häufig die innere Uhr.« Presseinformationen der Ludwig-Maximilians-Universität München, 28. März 2006.

21 Vgl.: Roenneberg: a. a. O.

22 Ebd.

23 Vgl.: Susanne Donner: »Innere Uhr: Warum zu wenig Schlaf dick macht.« In: *Stern*, 3. August 2007, Online-Ausgabe.

24 Maria Lennernäs: *Nutrition and Shift Work. The Effect of Work Hours on Dietary Intake, Meal Patterns and Nutritional Status Parameter*. Uppsala, 1993.

25 Vgl.: Susanne Donner, a. a. O.

26 Vgl.: Johanna Paungger, Thomas Poppe: *Alles erlaubt! Zum richtigen Zeitpunkt*. München, 1998, S. 131 f.

27 Detlef Pape, Rudolf Schwarz, Elmar Trunz-Carlisi, Helmut Gillessen: *Schlank im Schlaf. Die revolutionäre Formel: So nutzen Sie Ihre Bio-Uhr zum Abnehmen*. München, 2009, 15. Auflage, S. 23.

28 Ebd. S. 24.

29 Zit. nach: »Spätaufsteher und der ›social jetlag‹. Arbeits- und Schulzeiten ignorieren häufig die innere Uhr.«,a. a. O.

30 Zit. nach: Ebd.

31 Zit. nach: Ebd.

32 Zit. nach: »Hirnaussetzer durch Schlafmangel. Gehirnaktivität driftet kurzzeitig in schlafähnlichen Bewusstseinszustand ab.« In: *Scinexx. Das Wissensmagazin*, Society of Neroscience, 23. Mai 2008, Online-Ausgabe.

33 Zit. nach: »Schlafentzug lässt sich nicht nachholen.« In: *Der Standard*, 15. Januar 2010, Online-Ausgabe.

34 Zit. nach: Dagmar von Gersdorff: *Königin Luise und Friedrich Wilhelm III. Eine Liebe in Preußen*. Reinbek, 2004, S. 65.

35 Zit. nach: Günter Stiller: »Als der Brahmsee Schlagzeilen machte ...« In: *Hamburger Abendblatt*, 6. August 2005, Online-Ausgabe.

36 Zit. nach: Helmut Schmidt, Giovanni di Lorenzo: *Auf eine Zigarette mit Helmut Schmidt*. Köln, 2010, S. 3.

37 Zit. nach: Ebd.

38 Zit. und übers. nach: Anne Verlhac, David Thomson: *A Life in Pictures*. San Francisco, 2007, S. 6.

39 Zit. nach: Steffen Fründt: »Wenn die Sonne sommers spä-

ter aufgeht, spart das Geld: Eine Idee aus dem Jahr 1784.« In: *Welt am Sonntag*, 28. März 2010, Online-Ausgabe.

40 Zit. nach: Ebd.

41 Zit. nach: Ebd.

42 Zit. nach: »Büroschlaf: Nur ein Viertelstündchen.« In: *Frankfurter Allgemeine Zeitung*, 8. Februar 2007, Online-Ausgabe.

43 Zit. und übers. nach: »Scientific Studies Prove Short Naps Are Good for the Mind: A Power-Nap Helps Restore Brain Functioning.« In: http://www.powernap.com/store/cart.php?page=pr

44 Zusammengefasst nach: Nasa Science, Science News: »NASA Naps: NASA-Supported Sleep Researchers Are Learning New and Surprising Things About Naps.« http://science1.nasa.gov/science-news/science-at-nasa/2005/03jun_naps/

45 Zit. nach »›Power Nap‹ Prevents Burnout; Morning Sleep Perfects a Skill.« Pressemeldung des National Institute of Mental Health, 2. Juli 2002, Online-Ausgabe, http://www.nimh.nih.gov/science-news/2002/power-nap-prevents-burnout-morning-sleep-perfects-a-skill.shtml

46 Zit. und übers. nach: Jim Loehrs, Tony Schwartz: *The Power of Full Engagement: Managing Energy, Not Time, Is The Key to High Performance and Personal Renewal*. New York, 2003, S. 61.

47 Zit. nach: Christina Berndt: »Biorhythmus: Eine Dosis Dösen.« In: *Süddeutsche Zeitung*, 19. Juni 2007.

48 Zit. nach: Miriam Müller: »Mach mal Pause«. In: *Berliner Zeitung*, 28. April 2007, Online-Ausgabe.

49 Vgl.: »Büroschlaf lädt den Akku wieder auf«. In: *Schwä-bische Zeitung*, 1. März 2008, Online-Ausgabe.

50 Zit. nach: Christina Berndt, a. a. O.

51 Christa Muths: Farbtherapie. München, 2000, S. 71.

52 Maria Treben: *Gesundheit aus der Apotheke Gottes. Rat-schläge und Erfahrungen mit Heilkräutern.* Steyr, 1982, S. 2.

53 Kayhan Özgene: »Herr der Pistenhühner«. In: *Focus*, 15. Januar 2001, Online-Ausgabe.

Literatur

Markus Albers: *Morgen komm ich später rein: für mehr Freiheit in der Festanstellung.* Frankfurt/Main et al.: Campus, 2008

Attila Albert: »Sommerzeit: So tickt Ihre innere Uhr wieder richtig.« In: *BILD*, 29. März 2010

Christina Berndt: »Biorhythmus. Eine Dosis Dösen.« In: *Süddeutsche Zeitung*, 19. Juni 2007

Giovanni di Lorenzo: »Verstehen Sie das, Herr Schmidt?« In: *ZEITmagazin*, 26. August 2010, Nr. 35, Online-Ausgabe

Susanne Donner: »Innere Uhr: Warum zu wenig Schlaf dick macht.« In: *Stern*, 3. August 2007, Online-Ausgabe

Steffen Fründt: »Wenn die Sonne sommers später aufgeht, spart das Geld: Eine Idee aus dem Jahr 1784.« In: *Welt am Sonntag*, 28. März 2010, Online-Ausgabe

Uta Glaubitz: *Jobs für Nachteulen.* Frankfurt/Main et al.: Campus, 2002

Marlis Heinz: »›Eulen‹ und ›Lerchen‹. Das deutsche Schulsystem ist auf Frühaufsteher zugeschnitten.« Universität Leipzig, Pressemeldungen, Nummer: 2006/233, 1. August 2006, Online-Ausgabe

Hai Kloog, Abraham Haim, Richard G. Stevens, Micha Barchana, Boris A. Portnov: »Light At Night Co-Distributes

With Incident Breast But Not Lung Cancer in the Female Population of Israel.« In: *Chronobiology International*, Februar 2008

Satoshi Kanazawa, Kaja Perina: »Why Night Owls Are More Intelligent.« In: *Personality and Individual Differences*, Band 47, Nr. 7, Amsterdam, 2009

Barbara Leaming: *Marilyn Monroe. Die Biographie jenseits des Mythos*. Köln, Naumann & Göbel, 1999

Emanuel Le Roy Ladurie: *Montaillou. Ein Dorf vor dem Inquisitor 1294–1324*. München, Ullstein, 1989

Miriam Müller: »Mach mal Pause.« In: *Berliner Zeitung*, 28. April 2007, Online-Ausgabe

Christa Muths: *Farbtherapie*. München, Heyne, 2000

Hans-Joachim Noack: *Helmut Schmidt. Die Biographie*. Reinbek, Rowohlt, 2010

Heinz Ohff: *Ein Stern in Wetterwolken. Königin Luise von Preußen. Eine Biographie*. München, Piper, 1992

Detlef Pape, Rudolf Schwarz, Elmar Trunz-Carlisi, Helmut Gillessen: *Schlank im Schlaf. Die revolutionäre Formel: So nutzen Sie Ihre Bio-Uhr zum Abnehmen*. München, Gräfe & Unzer, 2009

Johanna Paungger, Thomas Poppe: *Alles erlaubt! Zum richtigen Zeitpunkt*. München, Goldmann, 1998

Till Roenneberg: *Wie wir ticken. Die Bedeutung der inneren Uhr für unser Leben*. Köln, Dumont, 2010

Norman E. Rosenthal, Siegfried Kasper: *Lichttherapie. Das Programm gegen Winterdepression*. Leoben u. Wien, Kneipp, 2004

Jan-W. Schäfer: »Bild-Interview mit dem neuen Handwerks-Generalsekretär: ›Viele Schulabgänger kommen morgens nicht aus dem Bett.‹« In: *BILD*, 1. Januar 2010, Online-Ausgabe

Helmut Schmidt, Giovanni di Lorenzo: *Auf eine Zigarette mit Helmut Schmidt*. Köln, Kiepenheuer/Witsch, 2010

Michel Schneider: *Marilyns letzte Sitzung*. München, Btb, 2010

Daniel Schönpflug: *Luise von Preußen. Königin der Herzen. Eine Biographie*. München, C. H. Beck, 2010

Günter Stiller: »Als der Brahmsee Schlagzeilen machte ...« In: *Hamburger Abendblatt*, 6. August 2005, Online-Ausgabe

Günther Stockinger: »Chronobiologie: Trost für Eulen und Lerchen.« In: *Der Spiegel*, 22. März 2008, Nr. 13, Online-Ausgabe

Günter Stolzenberger (Hrsg.): *Die Kunst des Schlafens. Bettlektüre für Schläfer und solche, die es werden wollen*. Frankfurt/Main, Leipzig, Insel, 2000

Peter Spork: *Das Uhrwerk der Natur. Chronobiologie – Leben mit der Zeit*. Reinbek, Rowohlt, 2005

Peter Spork: *Das Schlafbuch. Warum wir schlafen und wie es uns am besten gelingt*. Reinbek, Rowohlt, 2007

Maria Treben: *Gesundheit aus der Apotheke Gottes. Ratschläge und Erfahrungen mit Heilkräutern*. Steyr, Ennsthaler, 1982

Dagmar von Gersdorff: *Königin Luise und Friedrich Wilhelm III. Eine Liebe in Preußen*. Reinbek, Rowohlt, 2004

Jürgen Zulley, Barbara Knab: *Unsere innere Uhr. Natürliche Rhythmen nutzen und der Non-Stop-Belastung entgehen*. Freiburg et al., Herder, 2000

Jürgen Zulley, Barbara Knab: *Die kleine Schlafschule. Wege zum guten Schlaf*. Freiburg et al., Herder, 2002

Jürgen Zulley, Anna Wirz-Justice (Hrsg.): *Lichttherapie*. Regensburg. Roderer, 1997

Irren ist menschlich – und sehr komisch

Jürgen Brater

KEINE AHNUNG, ABER DAVON VIEL

Die peinlichsten Prognosen der Welt

ISBN 978-3-548-37386-7
www.ullstein-buchverlage.de

»Es gibt einen Weltmarkt für maximal fünf Computer.«
»Der Mensch wird niemals zum Mond reisen.«
»Erdöl ist völlig nutzlos.«
»Zugreisen mit Hochgeschwindigkeit wird es nie geben. Die Passagiere würden dabei ersticken.«

Anerkannte Experten auf ihrem Fachgebiet glaubten nicht an die Zukunft von Dieselmotoren, David Bowie und SMS. Jürgen Brater hat die peinlichsten Prognosen der Welt zusammengetragen. Ein kurzweiliges Vergnügen für alle Besserwisser.

ullstein